U0111706

大展好書　好書大展

品嘗好書　冠群可期

武術特輯

69

# 太極內功解秘

祝大彤　薛秀英　編著

大展出版社有限公司

國家圖書館出版品預行編目資料

太極內功解秘 / 祝大彤、薛秀英編著
—初版—臺北市：大展，2005【民 94】
面；21 公分—（武術特輯；69）
ISBN 978-957-468-398-7（平裝）
1. 太極拳
528.972　　94010881

# 太極內功解秘

編　　著／祝大彤、薛秀英
責任編輯／趙　新　華
發 行 人／蔡　森　明
出 版 者／大展出版社有限公司
社　　址／台北市北投區（石牌）致遠一路 2 段 12 巷 1 號
電　　話／(02) 28236031・28236033・28233123
傳　　真／(02) 28272069
郵政劃撥／01669551
網　　址／www.dah-jaan.com.tw
E-mail／service@dah-jaan.com.tw
登 記 證／局版臺業字第 2171 號
承 印 者／傳興印刷有限公司
裝　　訂／承安裝訂有限公司
排 版 者／弘益電腦排版有限公司
授 權 者／北京人民體育出版社
初版1刷／2005 年（民 94 年）8 月
初版5刷／2013 年（民 102 年）5 月
定價／280 元

大道以虛靜為本
祝太極內功解秘成書
癸未年元月

# 弘揚太極文化

徐　才

潛心探索太極拳奧秘的祝大彤先生，懷著讓天下練太極拳者都得到內功的初衷，寫成了《太極內功解秘》一書。他那執著追求太極拳理和太極文化的精神眞是值得贊揚。這本書從深層次詮釋太極拳內功，我覺得是很有新意的。在太極拳風行全國、走向世界之際，這類解析論證太極拳的書籍太需要了。

年初我應《少林與武術》雜誌社之約，寫了一篇《我的武術懸念》文章。懸念之一就是心願太極拳在新的世紀風靡世界，成爲人類健身、益智、修練的好運動。可喜的是國際武術聯合會已經把每年5月定爲「太極拳月」。響應這個決定，世界各地的太極拳活動蓬勃興起。最近從日本又傳來好消息，福島縣喜多方市議會決定把該市建成「太極拳城」。4月29日喜多方市開了個「太極拳城」的宣言大會，決意讓太極拳走進市民中去塑造「喜多方人」。這項活動在日本是首創，在世界也屬罕見。太極拳在深入世人之心，太極文化之花正在綻放。

遙望世界學練太極拳的盛景，不由得引起撫今思昔的感慨。太極拳的美妙早在上個世紀二三十年代就爲西歐北美人士所青睞。被國人贊譽爲四大名旦之一的程硯秋先生平時習練太極拳不輟，一次到歐洲演出時被瑞士人請去教授太極拳。程先生可算是向域外推廣太極拳的先行者。

本書作者祝大彤先生敬重的老師、被譽爲「太極泰斗」，享壽105歲謝世的吳圖南教授，在上個世紀20年代末所寫《科學化的國術太極拳》堪稱我國出版的第一本用現代科學觀點闡述太極拳的著作。這本書從生理學與解剖學角度解析太極拳動作，並用了X光片拍攝了太極拳的每個式子。在那個年代能寫出帶有現代科學意味的太極拳書實屬難能可貴。不僅如此，吳老先生還在《國術概論》一書中提出要把舊國術加以整理，詳加改善，「使得於體育上，占一重要地位，成爲眞美善之體育活動。推而廣之，漸及於全世界，全人群，豈不偉歟！」（吳圖南《國術概論》第四頁）吳圖南這幅苦思冥想的美景，在舊中國當然難以實現。今天在新中國改革開放的年代，這已經變成生機盎然的社會景觀，也在逐漸變成一幅惟妙惟肖的世界景觀。

世界上太極拳運動構築的社會美景，呼喚著太極文化的傳播。我們不僅要把太極拳的拳理拳法、拳式傳授給習拳者，還要將有關太極拳的哲學、美學、醫學思想廣爲宣揚。十幾年前，我訪問法國時，幾個熱衷於太極拳的法國朋友說：「只練拳不學《易經》就不夠味了。」所以，要在世界上弘揚太極拳不能不把中華文化的精髓告訴習拳者，讓人們從學拳中領悟太極拳的深厚文化內涵。

借此向諸太極拳愛好者推薦祝大彤先生最近完成的《太極內功解秘》一書，他的第一部太極拳理論專著由我題詞

「深研太極拳，高揚民族魂」。時隔4年，他真正身體力行，將太極拳理論研究向內功高層次發展，對太極拳理論研究作出了貢獻。

於首都

# 序

孫繼光

「文武之道，一張一弛」。說起來容易，理解應用起來難。現代人對武術健身的認識，由於浮躁和急功近利，也由於知識偏科，人爲的誤區太多了。不僅僅武術健身與傳統醫學常常被分割，就是如何正確習練武術套路，包括練習太極拳的正確心法，這些技藝問題，也頗多偏差。

大彤兄在他的頭一部著作中，認爲這是精研太極到「藝術」境界的問題，還招來了些非議。說練武術、太極是一門藝術，有何不可呢？人世間的五行八作三百六十行，修練昇華到一定高度，都可以產生藝術現象。吃穿住行，飲茶、品酒，都可稱文化。技藝純熟到一定程度，像科學藝術一樣求發展悟化，是負責任的可貴精神，應該受到高度贊揚的。

我們中華民族文化主旋律中呈現的武術、太極奇葩，不是東方科學文化藝術中的珍品，那又是什麼呢？

但是，若深入到任何一種文化現象中去，都有個啓蒙、混沌、認識、初級、高級、還歸於文化、極致到藝術的階段。東方文化裡的武術太極健身文化，之所以被行家裡手稱爲藝術，它雖然起源於冷兵器年代裡的技戰術之中，但又和我們中華民族悠久的聰明才智，極負責任的認眞思維方式有闕。中國人樸實、踏實、誠實、俠義、勤勞求進、強而不霸、明而自束、助人為樂、精益求精、睦鄰共和才是傳統美德。此種美德也以主流之態，體現在中華民族獨有的武術、太極數千載蘊育發展之中。

我熟悉大彤兄，與他認眞相交二十四五年了，現在又是武術健身同門，深知他喜歡武術、研究武術、修爲武術，虔誠拜師求學多人，而摒棄門戶之見、鍥而不捨地追求眞諦，已經到了如饑似渴的程度。

如今，他人已七十，還在孜孜以求。他視中華武術與太極是中國文化藝術瀚海裡的一門科學藝術，一種上乘文化。他對修爲目標的體會與尊重，不是外行所能體驗的。人至老道言而深邃。何況他本身早已是個作家，本身就是文化人，那修爲根基就很深。

大彤兄對太極的修爲，是抓住眞諦了，他在上一本書中就明確指出，練太極之道，求養身健體，那根基必須深紮在傳統醫學基礎上，所有鬆緊招式的修習，也必須符合醫道規律，方才不會出偏出邪。

此書，更是深一步闡述了上一部書的基本道理。並對一些弊端深入淺出地加以分析求證，很有藝術修爲慧心，是實實在在的眞學問、眞東西。練太極求養健身體，求祛病延年，總之是可望可及的一種輔助手段。

大彤兄等成千上萬文化人士，對黨和政府所提倡的普及醫學、體育、文化、科學知識的呼籲，深有所悟。要普及和拯救並弘揚發展的東西很多，全面行動起來，需要各路精英八仙過海，各顯其能，並千里之行，始於足下。

大彤兄把練武術到太極門類的普及、提高、發展的這一工作肩負了起來，滿腔熱情，虔誠寫作，時隔兩年又寫出續集，難能可貴且不易。對於上部書，我給寫了序，此次又盛情難卻，在此感慨一番發出了些淺見，惟恐陋見未能言中其書眞髓。

我在此努力倡導傳道不傳法，法在道中修，藝中得，技在悟中熟之武林傳統之德。此德，是大彤兄之志，亦吾之願也。因有同志同慨，方敢在此坦率直言供參考。或有不當之處，亦請大彤兄教正，同人批評指正，大眾大家正誤。不恭，希諒。

於北京西峰腳下陋舍寒宅

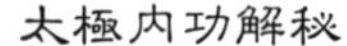

# 自 序

兩年前出版一冊太極拳理論專著，爲什麼又出版太極拳拳理小冊子呢？其一，那冊書是 1997 年完成的，第二年又修改潤色一番，充其量是五年前的太極拳拳藝水準，成書後錯處不少，多少有些遺憾。其二，筆者有一位研究秘宗學的忘年友，知我書中將內功修練要「實話實說」，他說不可，他認爲當今有人眞假不辨，不如留有餘地，對方尚有悟得的道行和興趣。

筆者從上世紀 90 年代至今，在全國武術理論期刊、報章上發表太極拳論文近百篇，又有理論專著誕世，反反覆覆說理。楊禹廷大師有「打拳打個理」的教導，陳式太極拳家陳鑫大師在《學拳須知》中明示，「學太極拳先學讀書。書理明白，學拳自然容易。」關於打拳打個「理」，悟得之後，寫有心得，《學拳明理方得道》一文，發表在《中華武術》雜誌上。

幾年過去了，筆者仍然重視拳理的研究。13 年前出版《吳圖南太極拳精髓》，書中收有「國術概論」一文。此書原名爲「專集」，經好友足球評論家金山先生睿智點睛，改爲「精髓」爲該書披上金身，功德無量。有武術學子撰寫論文，論述「國術概論」，得到學位，不失爲雙倍功德。

有摯友玩笑「太極拳理論家」，不敢承接，筆者到外省市講學，基本不傳授拳套路，亦不教推手，只是講拳理，說拳道。本著學拳先明理的宗旨，使對方比教招法，更深層地了解太極拳學，引入拳之根本，比學套路更爲有益。

太極拳博大精深，修持大道、悟得內功是根本。筆者遵大道至簡之本，下筆把握三易，即易懂、易學、易操作。當今社會科技、經濟高速發展，全民同心奔小康。太極拳傳播亦應與時俱進。君不見有人學練太極拳十年二十載，或更長的時間，一套太極拳練來練去卻總也練不好，「太極十年不出門」也要重新定論。筆者十分贊同武派太極拳李亦畬大師的一句名言，他說：「要心靜。隨人所動，向不丟不頂中討消息。從此做去，一年半載，便能施於身。此全是意，不是用勁。」此言絕妙之極。「太極十年不出門」在先，他的「一年半載」施後，敢於衝破迷信，在封建社會是要有了不起的勇氣。其實，太極內功的取得，老師是關鍵，教學方法要體現「大道至簡」。

筆者傳播傳統太極拳道亦有多年，從來不說玄，如行氣如「九曲珠」，氣是看不見的。因爲筆者不會九曲行氣，說給學生是欺騙他們。不說不寫玄虛的、看不見摸不著的東西，也不拿不懂的東西去嚇唬別人。像練精「化氣、化神、還虛」，筆者知道此理論很重要，因爲說不清、道不明也不會化，絕不去拉一面古典大旗。

筆者堅持通俗能講能做，對方易懂、易學、易操作，如此可有深研太極拳之興趣，挽住內功上身。筆者授課講解太極拳人的體能，有一句「皮毛要攻」。一位退休教授問「皮毛要攻」是什麼意思？這時講解是無用的，問她想看嗎，圍過來很多朋友，筆者在七八月酷暑裡，將雙臂平伸，大家看著豎起來的汗毛，不約而同地「啊」了一聲，告訴大家皮毛攻是陽鬆，陰鬆汗毛是立不起來的，同道對陰鬆陽鬆的狀態有了直觀了解，修練也方便。

群衆性的太極拳活動，通俗易學好練爲宗，對於深研者也不要搞玄學。說到底，修練太極內功是以減法入手爲是。太極拳楊禹廷大師，是大道至簡的典範，他從來不說深奧難懂的拳理，以減法說理。總是教導身上不要掛力，83 式 326 動，練好一陰一陽兩個動作，一通百通。老子說，「天下莫柔弱於水」。水看起來柔弱善小，但它能水穿石空，任何堅強的東西都敗在水的川流中。我們練拳如行雲流水，被動行拳距內功上身就不遠了。

修練傳統太極拳有益身心，胸懷大度，心態平淡，修爲平和。筆者承傳下來的拳藝盡一切可能向後學者傳授，這是武術太極拳人應該努力去做的。這冊內功解秘的宗旨是向世人普及太極內功，作者在書中闡明什麼是太極拳，細述放鬆周身上下九大關節的必要以及如何修爲。修練傳統太極拳，九大關節不鬆就無法深層次深研拳道。

太極拳博大精深在何處？在修練者身上，要改變思維。關於太極拳的鬆，筆者深入剖析，首次向公衆明析陰鬆、陽鬆、陰頂、陽頂以及陰陽互抱太極圖；書中觸及到意識、潛意識、潛能等等；書中還分析人體中的力點，如何去掉力點……總之內功解秘面對面、零接觸，中間毫無障礙。只要您有意修練鬆功，欲得到鬆功，請您坐下讀書，研究太極拳理論，不管您習練哪家哪派，天下武術是一家，修爲鬆功，終極達到全身透空。心神意氣安靜，極爲安靜，清靜無爲，達到健康、長壽的最高境界，這是太極拳大道。

我和我的《太極內功解秘》將是你們的朋友，您從中可以找到修練鬆空的臺階，拾級而上進入虛靜的太極拳精彩世界。

祝大彤
於北京西壩河書齋

# 目　錄

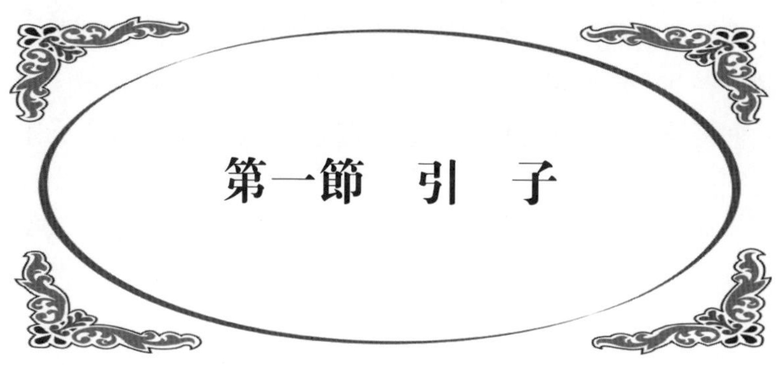

# 第一節　引　子

筆者的太極拳理論專著《太極解秘十三篇》問世後，讀者來信、來電、來訪者不斷。從紐約來了幾位習練傳統太極拳的愛好者登門拜訪，領隊的陳先生說，在紐約可以買到此書，希望再出一冊指導內功的書。

來訪、來信者都說通讀過多遍《太極解秘十三篇》，提出許多問題。筆者每天忙於回信、接待，電話答疑、解惑，忙是忙了點，但心裡很舒坦。向世人傳播傳統太極拳的拳理拳法，是我的夙願，因此樂此不疲。以書為媒，同道利用2002年的「五一」長假，從全國各地匯集北京，探討傳統太極拳的承傳和發展，自發紀念吳式太極拳宗師楊禹廷誕辰115周年暨忌辰20周年。楊禹廷宗師的追隨者暢談了習練後身體健康，增強體質的感受，周身鬆柔，腳下輕鬆，動作協調輕靈、敏捷，心情十分舒暢的感受。

同道們希望筆者進一步將太極拳內功公諸於世，將傳統吳式太極拳83式以陰陽剖析介紹給公眾，以解修練者的渴求。把握陰陽變轉之拳藝，在修練過程中退去身上本力，深研太極內功的功法，是無數傳統太極拳人亟待解決的關要。其實在《太極解秘十三篇》成書之時，筆者總有些遺憾，未能把修練內功之途徑更為具體詳盡地介紹給同道，筆者一定要完成這一巨大的工程，也是責無旁貸的歷史使命。

在將如何修練內功奉獻給讀者同道之時，從何處作為切入點，作者苦費了一番心思。因為所有修練傳統太極拳的朋友，他們的文化修養、文化背景是不同的，他們的職業也大不相同，落筆必須做到雅俗共賞，深入淺出，使初始習練傳統太極拳的朋友也能讀進去，從書中獲取修練太極拳的知識，一定要有可讀性和趣味性。

筆者的願望，儘可能地協助拳友同道能在修練內功的道路上找到大門，登堂入室，找到自己習練太極內功的階梯和步入其境之途徑，且不會走彎路。

天下武術是一家。內功解秘適用於內家外家的各門各派，只要坐下來讀書，切磋研究，內功定能上身。

陳鑫大師引導後學，順利步入習練傳統太極拳殿堂的技巧時，暫且說是學習技巧，他在《學習須知》中寫道：「學太極拳先學讀書。書理明白，學拳自然明白。」以此金句作為筆者的開場白。從哲學、文化、科學、醫學、美學等方面作為切入點。

## 一、太極拳與文化

沒有太極拳就沒有太極文化。太極拳與文化的關係源遠流長，像陰陽相濟互抱不離，沒有文化傳播，太極拳也不會有繁榮的今天。我們稱太極拳是文化，沒有人反對這種看法。太極拳走出國門，不久的將來，太極拳成為奧運競賽項目也只是時間的問題。

太極拳走向世界不是因為拳腳功夫，而是因為那迷人的文化魅力，以及東方文化深厚的底蘊，使世界的太極拳愛好者信服「太極拳好」，從習練中知道太極拳是哲學拳、醫學拳，對於人類保健養生、內外雙修是上乘的養生功法，認識到太極拳是中華民族寶貴的文化遺產，從學練太極拳中，認識了中華民族的偉大。

太極拳是文化已經不容置疑，太極拳是高品位的文化，太極門鬆功的《內功學》同樣是一種文化現象。因為鬆功成就的人不多，未能成為氛圍。關於太極文化，前國家武術院的老院長徐才先生談得深刻，而且對當今的修練很有針對性。

關於太極文化，他認為：「太極拳是東方體育文化的一塊瑰寶。」追根溯源，太極文化是在我國五千年文明史的發展中孕育而成的。有人不了解武術文化，思路打不開，難以把握太極拳的文化品味。它的保健、養生、益腦、健腦的卓越功效，它的文化價值比拳技豐富多了。

太極拳是文化，獨樹一幟，自成體系。太極拳不能與一般的拳種混為一談，我們不能自己將太極文化降低到談武論打的窘地。張三豐祖師說：「不徒作技藝之末。」太極拳不是以武論道，太極拳人不可不細微體味。太極拳衝出國門，走向世界。怎麼走，是值得我們深思的一個問題。徐才先生在上世紀 90 年代初就強調過，他說：「太極拳所體現的陰陽學說，是中國古代哲學的重大思想成果。」太極拳走向世界，是有豐富內涵的太極文化。「作為東方體育文化瑰寶的太極拳，它蘊含著豐富的古典哲理，不同於西方體育只重生理機制；它強調整體性，不同於西方體育重局部分解；它以經絡學說為基礎，不同於西方體育以解剖學為基礎，可引導人們從軀體鍛鍊的此岸達到心靈淨化的彼岸，真是好得很！」（引自徐才《「太極拳好」的遐思》）讀了這段文字，令人熱血沸騰。只有太極文化走向世界，才是太極拳真正走向世界，並不是什麼式什麼式到國外去教套路。

我們的目的不是單單向外國朋友介紹、教授中國太極拳，而是傳播中華民族珍貴的文化遺產，弘揚太極文化。太極文化是中華民族、也是全人類的文化精髓。以太極拳為切入點和媒介，讓國際朋友們理解它，使之重視中華民族的傳統文化。太極文化走向世界，沒有高知識階層的太極拳修練者，是難以完成這個使命的。

徐才先生在武術領導崗位上工作了十幾年。從一位新聞工作者轉行到領導武術工作，從不知武術到多知直至全知武術，走過相當艱難的道路。理順武術各流派的關係，出臺一批武術規章制度；亞武聯成立，使數以百計的國家成立了武術協會；從一盤散沙式的武術人，成為今天有組織的浩浩蕩蕩的武術隊伍，使我們清清楚楚看到徐才先生武術組織工作的才能和人格魅力。

徐才將武術文化看成一個世界性的事業，他在《徐才武術文集》中向讀者敞開心扉，「我把武術看做是一個文化性的事業。發展武術是弘揚中華民族優秀傳統文化的一個壯舉。武術太極拳作為傳統文化的一個組成部分，涵蓋著中國古典的哲學、美學、倫理學、兵法學、中醫學等博大文化的內容。習練武術不只可以健身強體，而且會受到中國傳統文化的感染和薰陶。看到海內外朋友在習武練拳時，從一招一式體會陰陽太極之理，品味養生處世之道，真可謂是一個絕好的中國傳統文化課。優秀的傳統文化是需要透過一個載體去傳播的，武術太極拳就是一個文化傳播的載體」。

徐才老院長時時關心傳統太極拳的承傳和發展，不要搞什麼式，只有循太極拳的規律，太極拳的陰陽學說，按太極拳的特性循規蹈矩去修練，才有可能真正弘揚博大精深的太極文化。徐才希望我們遵太極文化之規律將太極鬆功絕學傳下來，不要把這塊丟掉。

太極內功絕不能在我們這一代手中失傳，要繼承下來傳播出去。在傳播太極內功的過程中，要盡心盡力，要講清楚，使之通俗易懂、易學、易操作，要將鬆功拳理拳法交給廣大拳友，凡太極拳深研者都能把握太極鬆功是我們的夙願。

## 二、太極拳與科學

上個世紀的30年代，太極拳大師吳圖南出版一冊《科學化的國術太極拳》。他寫道：「有好學君子，不得其門，徒滋遺憾耳！」遂生寫此書之念，以幫助想學練太極拳又無門可入之人，故疾筆成書。老人家為普及推廣太極拳運動盡心盡力。

大師言道，普及太極拳，用科學之方法，外增體力，內固精神，強族強種，衛身衛國。發揮國光，去腐化之惡習，作強種之建設，使國術科學化。大師將組織太極拳訓練歸於科學化，諸如生理衛生、時間安排、場地等等都以科學化方式進行嚴格管理。大師在治學中有一句名言，他說：「聞道有先後，術業有專攻，師不必是非曲直於弟子，何況學問之道，向無止境，愈研愈精。」大師反對「獨有之妙，秘而不宣」之陋俗，大師將太極拳歸類在科學化之門下，是用心良苦的。

太極拳是科學，這是不言而喻的。千百年來傳統太極拳有一套嚴謹的治學方法，發展到楊禹廷這一代，將太極拳區分為陰動和陽動進行教學，以體現王宗岳在《太極拳論》中提出來的「陰陽為母，動靜之機」的陰陽變轉觀點。陰動的起點是陽動的止點，陽動的起點是陰動的止點，具體體現陰陽相濟之太極圖的陰陽魚首尾銜接，互抱不離，似手錶的機心，一個齒輪扣一個齒輪，絲絲相扣。而太極拳的方位、方向性也極為嚴謹科學，筆者以幾何原理，畫了一個圓形的八方線圖，使套路路線適應太極拳的規律，盤拳走弧線，給以科學的規範。

太極拳科學還反映在太極拳的重心極為準確，以重心腳確定中心點的位置，可利用的空間無限，四面八方照顧全面，這是科學的中央拳法。傳統太極拳的中正、中心點、重心，是科學化的中正學說。

科學化的太極拳，是要循太極拳的規律，鬆、柔、圓、緩地輕慢行拳；科學化的太極拳要明拳理，循嚴謹、科學的拳理拳法修練，不可有隨意性。吳圖南大師的名言希望同道銘記，要有「脫胎換骨之精神，百折不回之毅力」。李亦畬大師說得明明白白，他要求習練者，要「心靜」，要「悉心體認，勿自伸縮，要刻刻留心，須向不丟不頂中討消息。從此做去，一年半載，便能施於身」。楊式太極拳在京城的掌門人汪永泉大師，古稀之年仍為太極拳接班人的培養操心，他向武術領導部門請纓，選派 10 名青年學生由他教導，採用他的教案和練法，三年內能培養出確有功夫的人才。

一位清末大師提出一年半載可出人才，一位當代大師三年培養出人才。這是中華民族大公無私的美德在太極拳人身上的體現。如果他們沒有一套科學的訓練方法，敢說此令人心靈震撼的話嗎？不能！

筆者下面就科學化訓練提供一些建議。首先請你練拳時不要用力，練拳的過程是退去身上本力的過程，用力練不是太極拳。小孩子也會用力，用力是先天自然之能，用力也不會出太極內功。

請你練拳時注意，要輕練、慢練、虛靈練，動作柔緩、均勻，不要有棱角，要求做圓。這是太極拳的品格，是它的特性所決定的。為了內功上身，一定要循太極拳的規律修練。筆者有一個科學練拳法，名為「太極功夫在拳外」。你每天在拳場練拳時間不過一兩小時或更少，這點時間是遠遠不夠的。在拳場以外，行、動、坐、臥等都要想著拳，練功，也就是常說的「拳不離手」。

兩小時練拳以外，要鬆腳、鬆踝。坐下寫字要空胸、鬆腕、鬆膝、鬆胯，不要將上身的支撐力壓砸在腰上，尾閭微收，腰便躲開支撐點。

科學練拳有下面多種練法。

**全套路：**幾天練一次便可以了，力求走圓。

**練單式：**一式一練或二式連練，如摟膝拗步（去）倒攆猴（回）。

**反式練：**拳套路均往左練，反向右練。

**單手左練：**左手單練，可正反練，右手鬆垂，不做動作。

**單手右練：**右手單練，左手鬆垂（左右單手練時，以單式，幾個式連練為佳，不熟易僵，全套路練當然好，但以輕鬆為要）。

**無手練：**左右手鬆垂練。此種練法，多在等車、等人時只走腳下步法；夜深人靜時可以練。因為夜間無手練極佳，練出一雙太極腳。

**默練：**在飛機、火車、輪船上，全套路腳起腳落意走一遍，周身滲汗，效果極佳，亦可練單式。

如果有的部位僵緊，可單獨訓練某個部位，如：鬆腰練（鬆腰難求，按照你的理解，能做到即可）、鬆肩練、垂肘練、展指舒腕練、鬆胯練、鬆膝練、鬆踝練。鬆腳練，要隨時鬆腳，雙腳平鬆落地，不是踩地，腳趾的小關節要一一鬆開。練此功不限時，睡覺時也要鬆腳、鬆趾。

這是退去本力、人體進入內功的真諦習練法，也是科學化的訓練法。

在太極拳圈子裡有「太極十年不出門」的說法。這種說法根據太極拳博大精深而言，也是科學的。太極是練得的，而準確地說，是修練中悟得。沒有悟性，不要說十年，二十年也難以功成。那麼兩位大師提出「一年半載」和「三年」能培養出人才嗎？可以。練太極拳，練來練去不成材，責任不在學生，責任在老師，老師不是保守，就是教學方法不對，不盡心學練的學生是有的，但數量極少。

一年半載培養出太極人才有可能，三年培養出人才並非難事。教案是這樣的，太極築基功要打下兩年的基礎，一年講拳法，三年之後不會走彎路，功夫自己去練，三年培養太極人才是可行的。

筆者 20 世紀 90 年代在某高校教授太極拳，只教拳架不講內功。1999 年插班來了一位本科生跟在後邊學練，她曾連續兩年在高校武術太極拳比賽中榮獲金、銀牌，於 2002 年拜筆者為師學練傳統吳式太極拳。由於有從學三年傳統太極拳的功底，入門後著重給她說內功。學傳統太極拳共三年半，她已經初步突破了「心腦不接」這道關卡，身上退去不少本力，接觸點上能退去力點。還有一位男生入門後，盤拳時初步符合太極拳的規範，能去掉力點，時間也是三年半。

## 三、太極拳與醫學

醫武同源，互相滲透。醫是武之根，醫武結合，醫耀武榮，醫是武之宗，醫與太極拳之關係源遠流長。如果說太極拳是醫學，這一論點，會得到許多太極拳修練者的認同。

吳圖南大師在他未面世的《鬆功論》中寫道：「中國醫

學太極拳，對人體慢性病與病後恢復能起顯著療效者，良以此也。」

筆者早年讀過幾冊太極大家撰寫的太極拳技藝書籍，在文前文後都說太極拳對慢性病康復的效應。練太極拳久之，經醫療部門研究，可調節中樞神經系統的功能；練拳時深長呼吸，對心臟供血充氧和排除血內垃圾，血液循環系統、微循環系統，以及消化系統、骨骼、肌肉都可受益，從而增強體質，有抗衰老之功能。總之，太極拳是有氧運動，練罷拳收勢，不會氣喘吁吁，也不會大汗淋漓，獲得周身的輕快，氣道、血道通順等等。

說到太極拳醫學，準確地說應該稱太極拳是「預防醫學」。筆者習練太極拳多年，在修練過程中，不但退去身上的本力，身體的靈活、敏捷、虛靈空鬆之感使身心格外舒暢。周身鬆空之後，五臟六腑通順無阻，胸腹有空蕩、騰然之感，經脈通暢，老年斑生長緩慢，減緩衰老進程。可見，習練太極拳有明顯的益身之效。

為什麼說太極拳是預防醫學呢？太極拳不是醫院，很難說練拳能治病，但可以起到預防和使慢性病康復之功。太極拳不同於一般運動，也不同於競技體育和勇猛剛烈的長拳短打。凡循太極拳規律練拳的人，保健、養生的效果逐漸明顯。因為循規蹈矩練拳的人，行拳不但符合太極拳陰陽學說，更符合拳之規範。

太極拳的理論基礎是道家養生學，其根在博大精深的中醫學上，經常以鬆、柔、圓、輕、緩習練，遵陰陽學說行功是修大道。如此修練，無淤無阻，經絡、氣道、血液通暢，微循環系統加速。微循環被醫家稱為人之第二心臟。微循環的功能是向心臟送氧，心臟向身體各部輸送血液，排除血內垃圾，送氧排毒，「一送一排」給太極拳人帶來養生之道。太極拳對女性習練者更為偏愛。久練太極拳使微循環系統更為通暢，面部紅潤有光澤，容貌顯現自然之美。

筆者在多年的太極拳修練中，感覺脊椎有熱脹感，還覺得身體皮膚有什麼東西在串，進而看到前臂上的汗毛立起來。在暑熱天習練，身上、臂上立起的汗毛嗖嗖串著涼氣，冷天有熱感。

這是「體能」，是太極拳人練拳到一定的境界，身上反映出「關節要鬆，皮毛要攻，節節貫串，虛靈在中」的體能。這是在習練太極拳的過程中，體內發生了變化，是一種練拳中的健康現象，是體內抵抗疾病機制的增長。

筆者在《太極解秘十三篇》中寫道：「遵循太極陰陽之道，掌握陰陽變化，按照太極陰陽學說規範行動，日久您便會得到一種新的感覺，您的大腦變得比以往更聰穎，身上產生一種健康的、不知疲倦的，過去從未有過的新的體驗。您將牢牢把握自己的生命運動！」

筆者因為習練太極拳大大受益。幾十年未患過感冒，二便通暢，不知便秘是啥滋味，每天拳不離手，被現代人遠離的打嗝、放屁等現象，在筆者身上從未消失過。但不幸的是，許多同道的習練方法脫離了太極拳「陰陽變轉」「舉動輕靈」「用意，不用勁力」等祖訓，一味用力，不顧健康，不顧傷勞臟腑，以力勁推，還去打沙袋、推碾盤，在省市比賽中也風光了一陣，但半百而亡。

當然，人之壽命難以測定，習練太極拳二三十年，到50歲西去，不是能顯現一點端倪嗎？

還有些同道行為不檢點，嗜酒如命，一頓一斤多，以顯「武鬆」之量。雖然酒錢有人掏，身體是自己的，醫院搶救還得國家報銷醫藥費。有不少朋友，練拳多年後，沒有得到健康反而練出一身病來，高血壓、糖尿病、肝炎以及癌症纏身，每天藥不離手，拳呢？

筆者的師兄孫繼光，是民間中醫藥大家、養生學家，他在《太極解秘十三篇》序言中動情地寫道：

「太極拳，是拳，也是一種文化。否則，其就不能稱之爲道與術，更不是學了。那就是降格爲武夫渾蠻之事了。雖然太極拳的創法人還是要學其術之人，在冷兵器年代顯術於格鬥場或生死搏擊之戰中。但試想一下：練此拳之人，甭管是古今的何宗何派，近現代的孫、吳、楊、陳、武幾大家也罷，依人有天、地、人三才之象，其術還是仿宇宙之力的仿生學。也就是說，根基還應歸在醫文化這個總道上才是正宗。古今的太極大家們教人學習其藝，都要求徒衆深通人的臟腑經絡穴位學問，以求其藝顯能在人的陰陽氣血功能上，是逆向學習，以造病造傷爲能也。雖是逆向學習，卻要求練其術的人本身要超常健康，並且具有抗其傷病的能力。這是一種多麼高的境界啊。收發自如，是行話。能做到此，其人定是一個超級醫學養生大師啊。

現代人習練太極諸術，當然已然易化爲主要在自維上，不再是渴求外向功利發展，專以技擊別人爲目標雄視天下了。這樣拳師們更注重姿態的優雅，內氣的順暢，而不像古拳師那般注重醫道之根基了。這當然是一種善易，但也出現了新問題，因不注重醫功，似成盲練，自身氣血的因時易轉之學就被忽略、淡化，或成了絕學。有人盲目地認爲，只要堅持拳不離手，技不離身，照式走乾坤，就可以受益等等。結果許多大師、能手名聲顯赫，卻疾病纏身，或者短壽猝死。把太極拳也搞成了極限運動，使旁觀者難知根底，對之敬而遠之。長此以往，太極拳這個運動性文化藝術會不會也成爲現代人直呼『搶救』的項目之一呢？很難說。

特別是『文革』中，祭起了名曰反『封、資、修』的旗幟，文化精萃當成了『垃圾』，中醫、易學遭了劫難，各種武術流派包括太極拳，都一時轉入隱藏隱蔽喘息狀態，沉默了十幾年後，使許多有眞傳的大師級人物含恨終身，帶絕學入了靈柩，致使浩劫後復出的藝術也帶有了膚淺的成分，一方面陷入美好的回憶中，言昔時大師前輩們如何如何超凡入化；一方面自嘆弗如，使其帶上了玄味神秘色彩。這樣下去，很容易誤入歧途。」

在修練太極拳的過程中，還有一項令拳人興奮的收效，是健腦、益腦效應。有常識的人，均知道人有無限的潛能有待開發。據醫學家介紹，人的大腦僅使用百分之十，如果再開發零點幾，人類的智商會更高，如此，人類把握科技水準會更加突飛猛進。筆者說太極拳是生產力，絕非誑言。

無獨有偶，醫學家透露，號稱人類第二心臟的微循環，周身盤根錯節九萬多公里，體內無所不在，可是只有百分之十在工作，還有百分之九十未開發。大約每平方厘米有 200 根微細血管，僅有 20 根在運轉，如果把那 180 根也開動起來，人類健康將大大改觀。

筆者有一個夢想，人類都能遵循東方文化太極拳的規律，習練太極拳，大腦的活動上升若干個百分點，微循環系統開足馬力暢通，那時人類潛能將大大開發出來。

潛能是什麼，太極拳人說得最多的是意念。意念和意識似乎是一個東西，又不同於一個概念，「意」同而「念」和「識」有區別。那麼意識和潛意識，是潛藏在人類體中巨大的能量或稱能力，太極拳人稱它為「潛能」。

太極拳人習練拳時，正確的練法是用意不用力。這是很不容易做到的一件事，自己的意識還指揮不了自己的行動，要經常多時多日地反反覆覆習練，在習練中找到太極拳的運行規律。找到太極拳運行規律以後，習練者體悟到，用意就是用意識去習練，太極內功便慢慢在身上顯現出來。用力練拳阻塞身上內功的通路，便自然不去用力習練。

「道法自然」，老子的名言在練家身上起到根本性作用，知道了練拳操作越自然輕靈越好，這時應稱為道法自然的修練。在你身上，從大腦反映出來的潛能初步開發出來了，你身上鬆空，是內功的反映，對方在你身上用力，他腳下當然要飄浮。因為對方觸及到一個似有似無的物體——空鬆的人體，他的視線點、力點、神經點都摸空了，他的腳下的根基沒有了。

這是太極內功，往大說，是人類巨大潛能的成功開發。如果你練太極拳用力，首先你扔掉了支撐太極拳醫學的根，有悖於輕靈和用意識修練的拳之規律，如果你再晃動身軀、活動著雙臂像掄著兩根肉棍子，還能開發潛能嗎。你悖於太極拳的真理，做太極操多年，根本不知拳之「味道」。

## 四、太極拳與美學

太極拳是藝術，這是廣大太極拳人的共識。太極拳被視為藝術，是其自身的品格所決定的。這是東方傳統文化的魅力和價值取向。太極拳有一種動態藝術的美，有人說她是流動的詩，是立體的畫，是動中有靜，靜中有動，有動靜相兼、高品味的鬆柔動態運行形體藝術之美。

太極拳大師楊澄甫曾說過，「太極拳乃柔中欲剛，綿裡藏針之藝術」。吳圖南大師說，太極拳是「真善美之體育」，楊禹廷稱太極拳是「玩藝兒」，上海傅鍾文先生說：「太極拳是一門高級藝術，太極推手是一門高級藝術。」太極拳藝術之美，難以言表，它給人一種忽隱忽現的美，神秘化解發放之美。太極拳已經悄悄進入藝術美學之領域。偉人鄧小平題詞「太極拳好」，好就是完美，是完善之美。進入高境界的拳家行功，中正安舒，虛無縹緲，人似立在一個點上，在空中飄動，上下相隨，輕靈蝶舞，忽隱忽現，似詩似畫，美侖美奐，美不勝收。

太極拳人希望美學界人士關注太極拳美學這一新的學科，在美學領域裡給予研究和擴展。在美學的領域裡研究太極拳學，對於修練者來說，是調整在習練中的不規範行為，將走入歧途的人校正到太極拳健康修練的軌道上來，對太極拳有一個真理性的認識。有人給太極拳一個「高雅藝術」的說法。個人對太極拳評價的高低都是個人行為。因為太極拳人的文化修養、文化水準不同，對太極拳的認識各異，無須強求一致。

太極拳的品格和美學價值是十分可貴的，太極拳的品格和審美價值，千年不改，萬年不動，任人點評。說鬆、說柔、說剛、說力、說軟、說僵、說緊、說空、說美、說醜、說詩、說畫等等，任人評說。對待太極拳的修練，有人用力，有人用意，有人將傳統太極拳取現代練法，你還勿言叛逆，人家是現代版的太極拳，繼承和發展嘛。

太極拳就是太極拳，隨便說，怎麼理解都可以，不急不躁。太極拳的大門是敞開的，門內世界十分精彩，想到的、想不到的精致之極，考古、探寶比比皆是。誰來都請進，老子說：「天道無親。」

有人說進太極門先要登上掤、捋、擠、按、採、　、肘、靠、前進、後退、左顧、右盼、中定共十三層臺階；有人說「緊」「鬆」是滅頂之災。任你怎麼認識，任你怎麼理解，不卑、不亢，愛怎麼練便怎麼練。無陰無陽，用勁用力任君選擇，循規蹈矩，違規操作，隨君之意。這是太極拳之美。循拳之規律修練，進入太極之門並不費難，太極拳大門常開，進來歡迎，門前徘徊，不拉不拽，進得門來是朋友，不進門也是朋友，這就是太極之美。

## 五、太極拳與哲學

太極拳的拳理源於《老子》和《易經》。因此，廣大傳統太極拳愛好者將太極拳與中國古典哲學聯繫在一起，認為太極拳是哲學拳。太極拳與哲學的關係源遠流長，可以說，沒有中國的古典哲學也不會有今天的太極拳。

徐才先生對太極拳與哲學的關係說過這樣的話，他說：「作為東方體育文化瑰寶的太極拳，它蘊含著豐富的古典哲理。」指導太極拳人修練的《太極拳論》就是一部精煉的古典哲學著作，它開篇指明拳之真諦：「太極者，無極而生，陰陽之母，動靜之機也。」告訴傳統太極拳研習者，凡事物均有生於無，太極拳亦然。動分陰陽，兩儀生四象。繼續告訴我們，「動之則分，無過不及」。太極拳拳藝之過程，說簡單了，為上下、左右、前進、後退、中定四正四隅，由四面八方的方向、方位所組成。不管你是哪家什麼派，凡是太極拳都包容在內，無有一家例外。

有可能名稱不同，拳法有異，但各家、各派的太極拳，都尊崇王宗岳的《太極拳論》，「雖變化萬端，而理為一貫」。王宗岳宗師的拳理，其中蘊含著深刻的哲理。他在拳論中提到「不偏不倚，忽隱忽現」，單從字面上不好理解。所謂的不偏不倚，是理也是法，說明白些是「中正」，不偏不倚為正。太極拳的中正從內外雙修理解，要求習練者先有心、神、意、氣精神上的安靜，方可有外形的安舒中正，心神不靜難有肢體的乾淨，這是拳藝在人的內心世界和外形把握的兩個方面。太極拳習練者行拳一定要中正，如何中正，是「忽隱忽現」的中正，是雙腳與大地離虛，是飄飄欲仙的中正。這是太極拳的哲學，這是太極拳的特性。

太極拳要求習練者必須鬆空修練，捨此難以完成自家五臟六腑的通暢，難以打通微循環。有人說「緊練」，緊練對太極拳來講，此路不通，難以走入太極之門，中國古典哲學示人：大道以虛靜為本。

太極拳是「理境原無盡」的哲學，每個動作都有哲理，動作銜接陰陽變轉，勢斷意不斷，在拳理的境界裡道理無盡循環往返，太極拳是圓環哲學。筆者在一篇文章中談道「動之則分」，「怎麼分，細說，指尖與指根分，指根與掌分，掌與肘分，肘與肩分……從腰分，腰是坐標點，上鬆到手，下鬆到腳，全身都開了。」這是例舉楊氏老譜中「對拔拉長」中的細分。暫定為「分說」，這是哲理、拳理和拳道。太極拳修大道，要闡述鬆柔、鬆空、鬆無之根本，太極拳修到上乘神明境界，到「無形無象，全體透空」，神明狀態也講究「動之則分」。有朋友對「分說」持異議，認為無法操作。操作和分說，不是一個層面，單從操作講，是「拳」和「術」，拳術和拳道不是一回事，難以相提並論。

太極拳人要廣學博識，博採眾長，涉獵百家，讀書要廣且雜。不妨讀些中醫藥學、解剖學、人體科學、經絡學、心理學、古典哲學、天文學、邏輯學、美學、文學以及老子、莊子、孟子、佛學、道學、《易經》和《孫子兵法》等古典文獻。中華民族自然科學的珍貴文化遺產，是先賢智慧的結晶，領軍人物當尊老子，老子在其「空無之道」的論述中講「天下莫柔弱於水，而攻堅強者之能勝，以其無有易之」。古代思想家、哲學家的思想相通相承，有著深厚的內在聯繫，相互影響，相互滲透。

太極拳拳法求的不是簡單的拳術，拳理修練是虛靜無為，拳法為道法自然的鬆柔、鬆空的陰陽學說，較技、技擊亦以大道虛靜為本，以保持自身的重心和平衡從不去主動出手攻擊他人。拳術者說，有前有後，有左有右，有上有下。拳道者戒，無前無後，無左無右，無上無下，陰陽平衡，安舒中正，神為主宰。道和術修練的起點始終不在一個基點線上，道指導術，所以，太極拳被譽為博大精深。筆者在同道中提倡以文會友，也是看重太極拳的哲理內涵。

傳統太極拳研修者修練太極拳是修大道，中道、小道可不可？不可！太極陰陽學說就是大道，知人者智，知拳者智。明明知道太極拳的特性是修鬆柔、鬆空，而有人提到「練緊不練鬆」。老子在兩千多年前就在五十三章句修道中指出：「大道甚夷，而人好徑。」大道不走自尋小路，也是太極拳修練大道上的無奈，天要下雨，是擋不住的。君子以文會友，以友輔仁，太極拳同道，鬆練是朋友，緊練也是朋友，大道朝天，隨之不見其尾，道法自然，行於大道，大丈夫處其厚，不居其薄，萬物得一而生，緊和鬆早晚要走到一起，老子之道「柔弱勝剛強」是真諦。

太極拳得道者，行被動之拳，得術者主動練拳，道路不同，思維方式不同，結果也難求同，這是太極拳哲學。千里之行始於足下，沿軌、離軌任君隨心所欲，這是太極拳哲理。太極拳圈內走，環外行，物競天擇，適者陽光燦爛。

太極拳鬆柔自由，輕靈圓活，動靜相兼，陰陽變化，亦詩亦畫，多維審美，是哲學在太極神韻中的反映，美哉太極拳哲學！

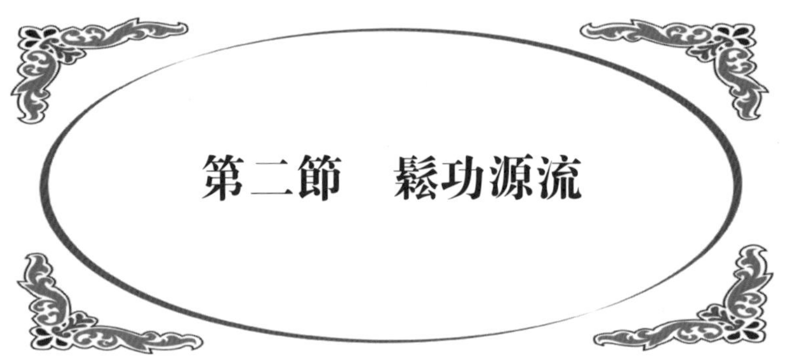

## 第二節　鬆功源流

人體鬆功，內修心、神、意、氣的靜，極為安靜。外示肌骨鬆淨，退去本力，極為乾淨。

操作至簡，心意鬆，肢體鬆。

什麼是太極鬆功，鬆功是鬆柔、鬆空在習練者身上的表露。習練太極拳的人，透過拳架修練，周身內外經過太極陰陽的梳理，克服心腦的動意，肢體的本力將漸漸退去，使習練者舉動輕靈。內修心、神、意、氣的安靜，胸、腹似一把空壺，或似提著的燈籠，達到虛靜空無的狀態，外表肢體乾淨，處於皮毛攻且虛靈的狀態。鬆功在人體裡是有反應的，除練者身體有異樣的體驗之外，自腳向上踝、膝、胯、腰、肩、肘、腕、手等九大關節要一一鬆開，且節節貫串。

楊式老譜對人體有獨到的見解，譜云：「天地為一大太極，人身為小太極。人身為太極之體，不可不練太極之拳」。人身亦是載體，太極功夫以人身為載體是很恰當的，人有發達的大腦並且充滿智慧，對太極拳拳理有充分的理解，且身體為太極之體，正確地運用人體接受太極拳功夫是可能的。可以另類解析，太極拳內功似一個幽靈在空中游蕩，尋找一個載體借以安身，這個載體當然是太極拳習練者。習練者周身空鬆，從裡到外均一一放鬆，等於打開進入人體的通道，太極拳幽靈順利進入體內，得到了太極內功。相反，用力將周身通道堵塞，太極內功幽靈則難以進入。

太極鬆功只有人作載體，其他任何動物難以承接，你要得到鬆功，必須適應太極拳技藝對人體的要求。

求心神意氣鬆、關節鬆、肢體鬆、周身鬆。太極拳與任何兄弟拳種不同，從學練的第一步就要進入鬆柔功夫的習練。練拳和鬆柔功夫不能脫節，如果脫節，久而久之，動作僵滯，身上鬆不下來。

我們的先賢在幾千年的保健、養生的實踐中認識到，練太極拳不同於其他拳種，應該在鬆柔的狀態中行拳，不斷完善與完美。有文字記載的可以上溯至唐代先師李道子之《授秘歌》，有「無形無象，全體透空」之絕句。後人注釋為「忘其自己，內外如一」。筆者譯為「心神意氣鬆，周身肢體淨」。

太極拳尊崇道家的學說，拳理源於《易經》和老子的《道德經》。《易經》之「易」是陰陽變化，陰為隱、為虛、為鬆、為無；陽為顯、為實、為展，太極拳人必須遵《易經》《道德經》之道理，循道而修。

什麼是太極門鬆柔功夫？當代太極拳大師有精妙之論，請聽他們對鬆柔之見解。吳圖南大師在他的《鬆功論》中講道：

「凡練太極拳者，皆知鬆、沉為太極拳之主要條件。」

「鬆者，蓬鬆也，寬而不緊也，輕鬆也，放開也，輕輕暢快也，不堅凝也，含有小孔以容其他物質之特性也。凡此種種，皆明示鬆之意義也。」

京城太極拳大師楊禹廷明示：「全身自然舒鬆，節節貫穿，頭腦安靜，神經不緊張」，「身心鬆靜，自然舒展，柔、圓、緩，胸腹鬆淨，周身血液流動暢通，神經末梢活躍，體膚感覺靈敏。」

楊老拳師經常要求我「手要平，不用力，身上不掛力」。

我們後來學子得知鬆之要義後，就應該循規蹈矩，在明師指導下，一招一勢習練太極拳，按照太極陰陽學說循太極拳鬆柔之特性修練。太極拳在習練中將身上、手上的拙力、本力慢慢退掉。武術門中各家各派的兄弟拳種的訓練跟太極拳大有差異。各類外家拳，他們訓練學子從勇猛堅剛入手，講究踢、打、摔、拿、擊、較力、格鬥、搏擊，打出威風。但是，各類拳種到最高上乘功夫，也將是陰陽相濟，內外相合，用意不用力的境界，最終歸於鬆柔。內家拳和外家拳的心態不同，訓練的拳藝不同，太極拳人是從輕靈、鬆柔接受訓練的。

鬆柔功夫不是太極拳獨家追求的功夫，凡武術各類拳種無不將鬆功列為最終的上乘功夫，只是從理解上有差異，訓練方法不同而已。各門類藝術家、雕刻家、演員、歌唱家等都追求心態放鬆，演員、歌唱家的形體也要放鬆，主持人也是鬆心、鬆身上臺，否則將令觀眾不悅。競技體育、各種球類的教練要求運動員心理和身體在場上要放鬆。在世界杯賽場上，足球運動員傳球、運球，甚至臨門一腳，也要心態平和，心理放鬆。鬆功表現在腳上，周身和腳上處於放鬆的狀態，臨門一腳才有勁，才不會射偏。

鬆功不是太極拳的專利，平時生活中人們都注意運用鬆功藝術處理知識，以及人際關係。學生入考場應考，師長們以「放鬆」二字鼓勵學生考出好成績。當然，一般人的放鬆概念與太極拳鬆功有質的不同。

## 一、先賢鬆靜觀

中華民族有五千年的文明史，歷代哲人、文學家，在不同的場所都有鬆的論述，匯集成宏大的鬆功學說。

我們民族的先賢，談鬆論柔的玄妙之語驚世警人。老子說到鬆柔，「致虛極，守靜篤」「骨弱筋柔」「天下莫柔弱於水」「柔弱處上」「柔之勝剛」「無有入無間」等等。

靜神。養心莫善於寡欲。　《孟子》

動靜。靜者養動之根，動者所以行其靜。

《朱子語類》

內以養己，安靜虛無。　《周易參同契》

靜者善之本，虛者靜之本。　《張載集》

大道全憑靜中得。　《金丹眞傳》

身心玄妙，此內清靜也。

養壽之道，清靜明瞭，四字最好。內覺身心空，外覺萬物空，破諸妄相，無可抵著，是曰清靜明瞭。

齋戒沐浴，此外清靜也；息心玄妙，此內清靜也。

《遵生八箋》

大道以虛靜爲本。《丹經》

恬淡虛無，眞氣從之。《素問・上古天眞論》

心靜可通神明。《養生名言》

虛極又虛，靜之又靜。《煉虛歌》

心虛而神一。《陰符經》

心和則氣和，心正則氣正。《宋・張載》

淡然無爲，神氣自滿。《千金翼方》

打開中華民族文化遺產寶庫，關於鬆柔的經典熠熠生輝，令子孫後輩目不暇接。這些鬆之宏論使我們茅塞頓開，得到先賢賜予我們寶貴的精神財富。中華民族的鬆柔學說為人類文明享用，以開發人類智慧，以增強人類體質，以提高人類品德，抵制邪惡，增進人類和平、平等，和睦人類大家庭。雖然各行各業、各門類的文化藝術，都須有放鬆的心態，放鬆的肢體。

總之，放鬆可以操勝券解大難。但是，惟有太極拳人特別看重鬆柔，對鬆柔的認識和理解與眾不同。所以在踏入拳場的第一天起，便認真地不厭其煩地隱於不被人注意的角落，沒有鮮花和掌聲，沒有門庭若市，而是甘於寂寞，枯燥單調，反反覆覆重複著同一個動作，刻意去修練。

從訓練便可以看出，太極拳人對待鬆柔的心態更為神聖，更為堅定不移，將鬆柔作為拳魂，向「全體透空」的最高境界艱苦修行。

追求習練博大精深的太極拳學，是一種審美體驗，在高品味的體驗中，常練常新是一種精神享受。將自身融入大自然，將自身融入天地宇宙的陰陽變化之中，也就不會有寂寞、單調之感。而且是鬆在其中，虛在其中，玄在其中，空在其中。

可見，鬆柔功夫是太極拳人追求的沒有終極的空無世界。拳家去體驗太極拳返璞歸真，融入在大自然中的空靈、離虛之奧妙。掌握鬆柔功夫，您將會有一種新的感覺，您的大腦變得比以往更為聰穎，身上反應出一種健康的、不知疲倦的、過去從未有過的、用之不盡取之不竭的潛在能量，那時您將牢牢把握自己的生命運動。這是最具特徵的太極拳之特性。

在評論太極拳師的時候，鬆柔當為首要之條件與標準。對太極拳鬆柔功夫高深者的評價，往往以某拳師鬆得好，「摸不著東西」，肯定他身上鬆空的純度高，給以褒獎。這「東西」是什麼呢？是拳家身上的鬆柔、鬆沉，是化解，是以柔克剛，也是空鬆、空無的代名詞。

凡立志修練太極拳者，修練鬆柔功夫是主修課。拳論警示後人「斯技旁門甚多」，我們在修練的道路上，不能遇門便入，須要觀察一二，以免誤入旁門。

先賢哲人極為重視動靜，張載認為宇宙的基本特性是「運動和靜止」，王弼主張以「靜為本，靜是動之本，動起於靜」。王宗岳則認為「太極者無極而生」，周敦頤論述動靜，「靜極復動，一動一靜，互為其根」。清末民初的太極拳大師陳鑫先生，對太極拳的鬆靜理論有卓越的貢獻。如何修練鬆靜功理功法，他要求鬆功修練者，「心主於敬，又主於靜。能敬能靜，自葆虛靈。」無鬆、無敬、無靜根本難言虛靈。我們的老祖宗在哲學領域裡，為我們研習太極鬆靜功夫，在理論上點燃一盞明燈，照亮前方的道路。我們再也不會磕磕絆絆，拐拐彎彎，可以筆直前行，到達成功的彼岸。這是古典哲學家鬆靜觀對現代人的啟示。

## 二、學習《授秘歌》

吳圖南師考證，《授秘歌》的作者為唐代李道子。大師在《國術概論》中寫道：「李道子者，江南安慶人也。嘗居武當山南岩宮，不火食，第啖麥麩數合而已。時人稱夫子李雲。」

「所傳太極拳，名先天拳，亦名長拳。有俞氏者，江南寧國府涇縣人也。得先師真傳，世世相承，未嘗中斷，如宋之俞清慧、俞一誠，明之俞蓮舟等，其最著者也。其鍛鍊主旨，在盡性立命，而進功之階，始於無形無象，繼之全身透空，終於應物自然，名為先天，洵非虛語。蓋已失傳久矣。」

後人對《授秘歌》的詮釋或稱白話釋解，比原歌更為通俗易懂，更接近不同文化程度層次的習練者。唐代至今一千五百多年，李道子的《授秘歌》原文承傳下來是否是原句，八句歌訣是如何排列難以考證。現在的流行版本是依《中華武術文庫古籍部》編篡的《太極拳譜》為標準本。

**授秘歌**

無形無象，全體透空。
應物自然，西山懸磬。
虎吼猿鳴，水清河靜。
翻江播海，盡性立命。

此歌《萬本》《炎書》《於本》曾轉輯，有白話本，通俗釋為：

忘其有己，內外如一。
隨心所欲，海闊天空。
鍛鍊陰精，心死神活。
氣血流動，神充氣足。

如果我們將《授秘歌》打亂前後排列，不同拳齡對拳藝有不同悟性的朋友，對歌之內容和內涵有不同的理解。筆者試著詮釋歌之內涵，以拋磚引玉。

**無形無象——**

有拳家解釋為氣，不全面。這裡指的是太極拳修練者「由著熟而漸悟懂勁，由懂勁而階及神明」的「神明」境界。修練人在盤拳過程中，在前進的路線上會遇到障礙或阻力。修練者已經修練到「無形無象」的境界，任何障礙也阻擋不住按套路路線運行，障礙和阻力無效。無形無象是指拳家的功夫上乘，周身上下內外雙修，心、神、意、氣達到安舒，安靜，外示乾淨。無形無象者全體透空，外來進攻，一切外力釋放不出來。凡接觸到對方力點的部位，都使對方身上、腰上，腳下站立不穩。

軀體真正是「忘其有己」已經達到其小無內、全體透空的境界。對有無形無象上乘鬆功的拳家，一切進攻，一切大力、小力、拙力，在他身上是進不去的，有摸空、腳下生軸、站立不穩的無奈。

**應物自然——**

前輩大師告訴後來學子，在太極技擊運用中，沒有固定法則，不動為靜，靜中制動，動便是法。左右上下、前進後退由進者決定，守者靜中制動，對方動，我靜，動靜之機，陰陽之母，隨心所欲運用自如立於不敗。這一切要有太極拳綜合功力——內功。身上有了內功，就有「應物自然」「隨心所欲」之境界。

太極拳博大精深，心、神、意、氣，「海闊天空」，其大無外。這是太極高手鬆功到「全體透空」的神明境界。

**鍛鍊陰精——**

太極拳講究陰陽平衡、上下相隨、內外雙修，「虎吼猿鳴」是對的，太極拳修練也是有聲放出。清代武譜有《打手撒放》，發勁時同時發聲，「掤、業、噫、咳、呼、吭、呵、哈」。還有歌，諸如「打手歌」「功用歌」「無極歌」「太極歌」等等，清代的歌訣不是說，而是唱的，或是嘆的。

民國時軍閥歐陽將軍的兒子是太極拳愛好者。他告訴我，他先父聘請楊澄甫大師為拳師，住在他家中，教他父親歐陽將軍練拳。大師單獨一人練拳時，發出「噫、咳……」

的聲音，震得室內嗡嗡作響，在院內都聽得見。可見虎吼猿鳴之聲並非訛傳。

**氣血流動——**

說明練太極拳動靜相兼，內外雙修，一動無有不動，外動內靜，內動外靜；慢練太極拳，外靜，而內動，不是小動而是大動，似翻江播海。

人們常說太極拳保健、養生，什麼消化系統、血液循環系統、中樞神經系統、呼吸系統以及骨骼肌肉、開發潛能都是有益的。唐代人提到人類養生，五臟六腑翻江播海，水清河靜是科學的養生理論。人們習練太極拳是慢動作進行操練，練拳以鬆、柔、圓、緩行功，為氣道、血道、經絡通暢創造了條件。如果循規蹈矩練太極拳，有可能多開通若干支微細血管，人的健康得到益處，開發潛能也是可能的。如果多開通幾支微細血管，延年益壽是肯定的。這就是「翻江播海」「氣血流動」在身上起到的應有效應。

《授秘歌》的最後一句「盡性立命」，通俗釋為「神氣充足」仍然難以通俗。太極拳人從拳理拳法詮釋，結合拳藝實踐，以「內外雙修」解，通俗貼切也易於理解。不同文化層次，不同文化修養的太極拳習練者大多能明其理，施藝於身。

**性——**

可稱內修心、神、意、氣的靜，提高道德水準，尊師重教，不以拳為商品，與世無爭，與人無爭，清心靜養，節制貪慾，以免勞神精血。

命——

外示安舒，每日操拳活動筋骨，強健體魄，強種衛國。三豐祖師明示：「欲天下豪傑延年益壽，不徒作技藝之末。」

一句話，練太極拳強身、健體、祛病、延年，修身養性，提高社會公德，修養品質、靜養心志。

《授秘歌》收在中華武術文庫《太極拳譜》一書中，這冊書為宋書銘傳抄。另一佐證為 20 世紀 30 年代太極大師吳圖南收在他的《國術概論》「太極史略」一節中的「李道子傳」。兩種考證均為權威出處，但後者將太極拳和太極拳理上推至一千五百年的南北朝，告訴我們太極拳不是近二百年清代發展起來的。

中華民族五千年的文明史，唐代是文學、書法的盛世。李道子的《授秘歌》為四言八句，其瀟灑自如的藝術風格，為盛唐時期增添艷麗的色彩。在《太極拳譜》中，四言拳訣多見，字簡意絕，為拳藝之大家風範。

我們後人學習和釋論前人的文化遺產，應該以大道至簡為本。因為廣大習練者多為太極拳業餘愛好者，工餘早晚抽時間習練，沒有太多時間研習拳理。拳理研究的案頭工作是理論工作者分內之事，然後以簡潔的筆觸、明白的說理，幫助廣大太極拳愛好者，逐步深入明析拳理與練拳實際相結合，提高拳藝以健體強身為社會主義現代化建設出力。

理論研究勿雲山霧罩，那是歧途。勿將自己弄不明白的東西強加於人，難以評定的虛玄之學也不要拿來難為他人。20 世紀 80 年代筆者去武當山求學，見一中年道士，上前晉禮求教，「練精化氣，練氣化神，練神還虛」何解。道士不理，後他教導我說：「你練你的太極拳，練精、練氣不是凡人能領悟到的。」後來又請教一位僧人，他聽我的問話，大笑不止，說：「化神、化氣是貌似高深嚇唬你的，誰說的請他去化，他也化不了。」

當今社會經濟、信息高速發展，在群眾性體育活動中，筆者教授太極拳或是理論傳播，以對方能接受為標準，一句話能說清楚的絕對不多說半句，使對方易懂、易學、易操作。重要拳理拳法，把握通俗，還要反反覆覆說明白，以對方真弄明白可以獨立操作方可。

太極鬆功以人作載體，因為人體是太極之體，易於接受太極功夫的進入。當然，人要為太極功夫上身提供方便的條件。此條件並不難，盤拳修練，周身上下內外雙修，不僵、不緊、不拙，太極功夫自然上身。

**不僵——**

僵是指周身上下肢體、肌肉僵硬。大家都見過人的屍體，十分僵硬強直，與太極拳的鬆柔、輕靈，用意不用力，鬆肩垂肘，空腰鬆胯，自然練拳成為鮮明對比。太極拳的行功規律，是在陰陽變化中的鬆柔動態下運行，僵練者拳中沒有自然。自然是拳之法則，無自然還有太極拳嗎？修練太極拳，要求自然，道法自然；體僵，什麼都沒有了。

**不緊——**

僵和緊是違規操練的一對雙胞胎，凡練拳者，有僵便有緊，僵緊難以分離，分離開還是僵，拳中仍然緊。緊在何處？在關節。太極拳規範，周身九大關節都應一一鬆開，不但腳、踝、膝、胯、腰、肩、肘、腕、手九大關節要鬆開，手指 14 個小關節也應一一鬆開，左右手 28 個小關節和腳下的左右 26 個小趾關節也應放鬆，定要一一鬆開。

對太極拳的體能要求是：關節要鬆，皮毛要攻，節節貫串，虛靈在中。僵緊與關節要鬆，節節貫串差之極遠。有一位修練者說，百人習練，過二年留下 5 人堅持練就不錯了。一位拳家說，功成者萬裡有一。有沒有道理先不去作結論，習拳者能修到不僵不緊者也不是短期見實效的。當今生活節奏快，「太極十年不出門」已落伍，十年修道，不僵、不緊、不拙者已屬不易。

深研太極拳者應該執著地去追求。

**不拙——**

不用拙力。修練太極拳以自然為好，不要刻意去練。太極拳家王培生先生說過：「有形有象皆為假，無形無象方為真。」太極拳是文化，是藝術，是審美，是自然修道。不是刻板練，如此難以克服拙力。修練把握自然輕靈，太極功夫自然上身。

太極拳的靈魂是鬆。是鬆柔、鬆空、鬆無，是周身不掛力，周身上下內外通暢清靜，淨得肌肉骨骼的夾縫裡都不留一絲一點的力。一個空鬆陰陽之體，一個陰不離陽、陽不離陰的陰陽相濟之體，練太極拳到一定的境界，你是一個太極之體的空鬆人。

筆者將功成的狀態公諸於世，循太極拳規律修練可以到達彼岸。京城太極拳家汪永泉大師曾對我說過：「國家派十位青年，用他的教案，由他親自傳授，可以在三年內培養出有太極功夫的人才。」太極拳是科學，在短期內可以拿下內功。但有人不信，因為練太極拳的人隨意性大，還沒有形成一個研習太極鬆功的氛圍，久而久之，太極鬆功成為了演義。再說鬆功正史，大家聽著耳生，沒有人會相信。所以大家看到的用力的多，本力加著法的多，看多了，看習慣了，也就見怪不怪了。這也是太極拳發展史上的憾事。

## 三、鬆靜拳之魂

我們太極拳習練者特別看重鬆靜功夫，將鬆靜奉為拳之魂，老子說，「致虛極，守靜篤」。拳裡無鬆無靜，不如不練，或者去練體操。

太極拳的鬆，從外形看到的，習練者處於鬆柔狀態。舉動很輕靈，每個動作走弧形線，以鬆、柔、圓、緩、輕行功，將有棱有角的八門五步十三勢，東、南、西、北、東南、東北、西南、西北的拳套路走圓活，看上去沒有棱角，而是圓，是圓環套圓環，似一個球體在滾動。拳架盤到這個火候是很不易的，要付出極大的努力。

太極拳的靜，指習練者心神意氣的安靜。古代哲人告誡我們，「心靜可以通神明」「虛極又虛，靜之又靜」，靜是修大道。太極拳講究內外雙修，內修神舒體靜，外示安舒，沒有內的靜，難以外示鬆柔狀態。說到根本，是從拳中得到鬆柔內功，在練拳中漸漸退去本力，內功在退去本力的過程中上身。

心、神、意、氣的靜是內修的根本，方可修練周身的鬆、空、無。

## 鬆

太極拳屬於武術，又異於武術諸拳種的拳法。不同之處，給學員講第一課便講授鬆功。要求學員初入拳場，要知鬆、放鬆、練鬆。太極拳的鬆功課不是老師主觀規定，而是太極拳學所獨有的特性，是拳理所決定的將鬆功列為必修課。

太極拳拳理源於老子的空無之道。老子對一切事物都認為有虛有實，而虛鬆的威力最大，他提到「無有入無間，柔弱勝剛強」。又說：「無狀之狀，無物之象是謂惚恍。恍兮惚兮其中有象，恍兮惚兮其中有物。」我們盤拳時，不偏不倚，忽隱忽現，你站在中土位的中心點上，實腳正中為中土位的中心點。利用空間一遍拳練完，拳架子也搭建成功，以我們身體為中心，四面八方確實有一個看不見的拳架子存在。

太極拳大師吳圖南在他的《鬆功論》中寫道：「凡練太極拳者，皆知鬆為太極拳之主要條件。鬆者，蓬鬆也。輕鬆也。」我們後來學子是幸運的，先賢拳家歷經千百年的實踐，代代傳人從中總結積累了很多寶貴的經驗提供給我們。可以說，我們是在無障礙、沒有紅燈的坦途路上練功，我們只要循規蹈矩，遵道而修即可功成。

如何去練鬆功呢？練太極拳要脫胎換骨，不是原來的你。周身上下所有的大小關節要鬆開，包括手指、腳趾的小關節也要鬆開，深層次修練，還要達到節節貫串。肌肉也要放鬆，隨意肌鬆弛隨意，不隨意肌不僵不緊。用太極拳家的說法，從汗毛深入到皮、肌肉、筋、骨，自表及裡鬆到骨骼，再從骨、筋、肉、皮、毛層層鬆到皮上，這是陰鬆、陽鬆的互為修練，求得「關節要鬆，皮毛要攻，節節貫串，虛靈在中」的體能。周身放鬆，汗毛在炎夏酷暑中能立起來，身上算放鬆了。此時遇勁力之手推、拉、拽、壓、反關節，一般可以化解。被對方按、推在椅子上、床上，擠壓在牆角，可以轉危為安。當然，技擊時達到周身自由動鬆，還有一段路要走。

周身放鬆後，太極拳拳藝水準將進入上乘的懂勁意境。

## 空

拳論云：「由著熟而漸悟懂勁，由懂勁而階及神明。」如果將鬆、空、無拳藝內功的三乘功夫比喻「著熟——懂勁——神明」，那麼空是懂勁的功夫。這種比喻不一定恰當，但為了說明內功的實質，只好這般比喻。

有的拳家能鬆不能空，在修練中還欠點火候，什麼是空呢？內功的空，在拳法應用時，其理論基礎是《十三勢歌訣》中的「變轉虛實須留意」。先賢告誡我們在勢與勢變轉的時候要留意，留意陰陽變轉瞬間的變動是空。刻意去練空難求，要在拳裡去求。楊澄甫大師的長子振基先生曾說過一句精闢之言，他說：「功夫是拳上練出來的。」歷代太極拳大師都十分重視拳藝修練，我們後來學子不能忽略練拳。

筆者是學吳式太極拳的，從開山宗師全佑往下，吳鑒泉、王茂齋、楊禹廷諸位大師日復一日、年復一年，一招一勢認真演練，打下紮紮實實的築基功。學子們津津樂道提起老師，「挨上衣服便被飛身發打出去。」這是平時功夫的積累，是十年二十年三十年的苦修、苦練而得。

太極拳學是實實在在的科學，動與動之間似鐘錶的表芯，一環扣一環，絲絲相扣，馬虎不得，隨意不得。動之則分，「一處有一處虛實，處處總此一虛實」。這個虛可以解釋為空。雙方放對，對方攻來，明明對方以手相接，但當雙方接觸的瞬間，看到對方的手還在，但摸空了。進攻時，呼氣勁攻，當對方的手為空手時，撲空了危險在即。想逃，呼吸自然呼變吸，此時進攻者被發打出去，一敗塗地。從接觸——撲空——發放出去，僅在瞬間完成。歌訣：「四梢空接手，接手點中走。」運用太極技擊「有一沒有二」，即出手見輸贏的功法，完成了接打的過程。這是空的技藝，是無形無象妙手空空的藝術。

從拳上說，每一個拳勢由若干動作組成。太極拳大師楊禹廷的 83 式拳架，每勢均以單動（陰）雙動（陽）組成。結構嚴謹、細膩，是出內功的上乘拳法，如果修練者能遵照太極陰陽學說規範行功，空的內功並不難求。

## 無

王宗岳的《太極拳論》開篇點明主題：「太極者，無極而生，陰陽之母，動靜之機也。」無，是太極拳的本質。老子說：「歸復於無極。」老子的思想，無極應解釋為終極真理，無極也是太極拳之真理，道家哲學一脈相承。

無，是什麼也沒有。修練太極拳到上乘為無極。說明白點，修練到神明境界。練拳、打拳到盤拳，身上感覺有太極拳的「味道」。此時是從周身四肢感覺有太極點的內功，周身肢體的鬆、空到無的境界，不再是整體和局部的運動。而周身活躍的是太極拳的細胞——點。

當前高科技奈米技術被國人關注。奈米雖然是計量的最小單位，小到一根頭髮絲直徑即為二三萬奈米，但用高倍顯微鏡是可以看到的。太極拳的點，其小無內，用高倍顯微鏡是看不到的。為什麼看不到？因為點是空無點，摸上去什麼也沒有，是無形無象之點。

從拳上解，陰動變陽動，瞬間虛中虛，也就是再陰一次；陽動變為陰動，瞬間實中實。細解開去，是在陽鬆的止點的當口再陽一次。在瞬間變動之時，在陰陽變動的空間，出現一個轉瞬即逝的空無點。陰動的終點，是陽動的起點，陽動的終點是陰動的起點。意動神隨可以解釋為動點的運動規律，起止點間有一條弧線串聯著，陰陽變轉陰點隱陽點現，形成空無點。這個空無點，有聽勁水準的拳家能聽到。修練到上乘階段，空無點在身上自然有了感覺。推手、技擊的運用更為奇妙。對方攻來，如推在胸部，瞬間接觸點空了，什麼也沒有了。接觸部分失去支點，腳下失去重心，只有被動挨打。

太極拳人幾年、幾十年如一日的修練，求得的就是鬆、空、無內功，進而功成《授秘歌》的境界「無形無象，全體透空」。

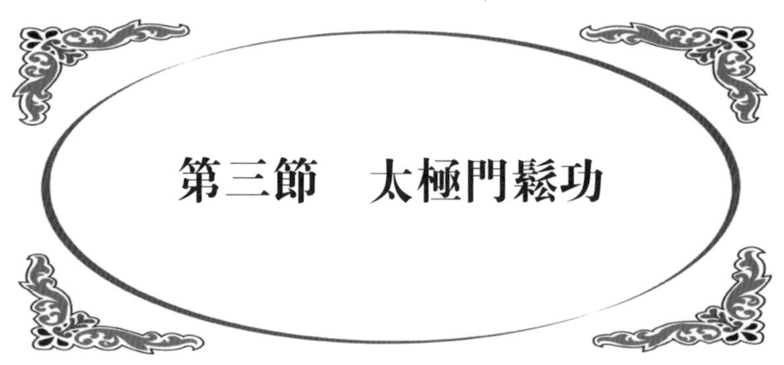

# 第三節　太極門鬆功

談到太極門鬆功，眾說紛紜。一句話，神秘，玄妙，深奧難求。

所有太極拳深研者無不談論鬆功，也都想得到鬆功。練拳三年兩載，十年八年，甚至資深的練家畢生追求鬆功，可惜鬆功也沒有上身。這就讓太極鬆功罩上一層神秘的面紗。

甚至有人認為前輩先賢太極大師的鬆功如何如何，是傳說，是演義，似乎太極門根本就沒有鬆功。有人半承認有鬆功，說鬆功是勁和巧的運用，這跟不承認鬆功也差不多，只是變個說法而已。

## 一、太極拳有鬆功嗎

太極拳有鬆功嗎？回答是肯定的。既然太極門有鬆功，怎麼在各公園、體育場館看不到像太極拳理論中或傳說中的鬆柔功夫呢？在全國省市級的太極推手比賽中，君只見裁判的哨音一響，競賽雙方有多大力氣全拿出來，直至一方將另一方推出得勝告終，完全看不見太極鬆柔功夫在推手中的運用，也看不到陰陽變化、舉動輕靈、動分虛實、以意行功、不用勁力、安舒中正等特性在太極推手中的展現。

有一位寧波太極拳初學者，看了太極拳推手比賽後給筆者來信，信中說，如果太極拳是這樣的，今後不再學練太極拳。如果太極拳仍在用力推手，令人汗顏。現在有更多的太極拳愛好者和太極拳深研者，其中有數量很多的年輕人，別以為人家是小學生，其實，人家對要學練的東西進行一番了解，認識、理解之後才去追求研究太極拳。

上面提到的寧波的太極拳愛好者，認為太極拳不應該用力，如果用力就不練太極拳了，顯示力量可以去練舉重、打沙袋更刺激。人家要研習有極高文化品味的太極拳，太極拳要有自身的特點，用力當然不是人家追求的太極拳。

我們要以太極拳的特性去修練，不練鬆功，也就沒有內功。前不久有一位五十歲上下的壯漢來訪，他來自某省會。自我介紹，他摔跤十五年，又練傳統太極拳十五載，前後三十年，在當地摔跤、推手是第一把好手。

我們在探討拳藝的過程中要試試身手，筆者居室窄小，誰把誰打翻碰到桌子、書櫃等硬家具上，易受傷害，不合適。改為互相聽勁。請他做起式，起式動作是雙腳平行站好，鬆右腳向右移動，變雙重為右腳重心。就這麼一個動作，他練了十五年，不止有千萬次，當他向右移動身體，筆者輕推他的左胯，他站立不住向右倒去，重複幾次他都站不住。筆者做同一動作，請他輕力推我，一推筆者同樣站不住，向右倒去。筆者告訴他，這是用和他一樣的拳法操作。

筆者雙腳平行站好以後，請他用力推。開始他可能客氣，輕輕一推，沒有問動。筆者請他用力推，推來推去問不動，自己反而腳下打晃，他不推了，請教此理。告訴他「這是太極鬆功」。

傳說中太極拳大師們的鬆功確實存在，並非演義和傳說。有一次筆者在楊禹廷老拳師家中，他將左手手背朝上放在八仙桌上，令筆者按。筆者輕按，感覺頭腦空白一片，直上蹦起一公尺多高。楊老拳師有一習慣，站立時手扶手杖，行路時將手杖橫於身後，雙手垂下握住手杖前行。我跟隨他身後，到家門時，我在他身後想跟老爺子開個玩笑，突然從左側奪取他的手杖。這一奪不要緊，我恍恍惚惚，被發打出去四公尺多遠撞到他家的東牆，然後坐在地上。老拳師看看我，自個兒回家去了。這是鬆功文化神妙的一面，當知之或全知鬆功以後，知道鬆功是文化，是科學，是太極陽陰學說在技擊中的反映。請注意荷葉，荷葉的表面是不滲水的，對水來講無路可尋，滴水落到荷葉上，是實實在在的一滴水，荷葉不滲水，水珠在荷葉上浮著。有鬆功絕技的拳師，身體各個部位似荷葉，任何力按到具有鬆功的拳師身上，就像水滴落在荷葉上，浮在上面滲不下去，相反用力者的腰發板，腳飄浮，有一種無形的力在威懾著他。拳論有一句「彼之力方挨我皮毛，我之意已入彼骨裡」。這便是內功。

## 二、對鬆功的認識

習拳明理非常重要。太極拳大師陳鑫在《學拳須知》經論中指出：「學太極拳先學讀書，書理明白，學拳自然容易。」先坐下來讀書，從理論認識什麼是太極鬆功。

練太極拳要求心神意氣鬆、周身鬆、關節鬆、肢體鬆。太極拳與任何兄弟拳種不同，從學練第一步就要進入鬆柔功夫的訓練。練拳和鬆柔功夫不能脫節，如果脫節，久而久之，動作僵滯，身上鬆不下來，回頭再練鬆功難度很大，短期內很難奏效。

太極拳是內家拳，它具有與兄弟拳種不同的特性。它的特性要求凡練太極拳者，「一舉動，周身俱要輕靈」「用意，不是用力」。拳家應該具備周身鬆靜的品格，首先要以自然的心態修練太極拳，心神意氣放鬆，周身大小關節鬆，周身鬆，肢體鬆。

鬆是太極拳的靈魂，沒有鬆就不是太極拳。鬆靜是太極拳的特性，內靜外鬆，外鬆內靜，功法不同，鬆和靜不得分離。「大道以虛靜為本」，沒有內靜難得外鬆。「內固精神，外示安逸」，求得安舒中正。

太極拳大師楊禹廷認為，全身自然舒鬆，節節貫穿，頭腦安靜，神經不緊張。身心鬆靜，自然舒展，鬆、柔、圓、緩，還要胸腹鬆淨，周身血液流動暢通，神經末梢活躍，體膚感覺靈敏，練拳時身上不掛力。

得知鬆之要義後，明理的拳人應該循規蹈矩，一招一勢按照太極陰陽學說和太極拳鬆柔之特性修練。太極拳學拳起步就要從周身放鬆開始，舉動輕靈，用意不用力，在練拳中要將身上、手上的拙力、本力慢慢退掉。武術門中各家各派的兄弟拳種跟太極拳有很大差異，各類外家拳拳術，他們訓練學子從勇猛堅剛入手，講究踢、打、摔、拿、擊，較力、格鬥、搏擊，打出威風。但是，各類拳種到最上乘拳法，也將是陰陽相濟，內外相合，修練到用意不用力的境界，而最終歸於鬆柔。內家拳和外家拳的心態不同，訓練的拳法、拳藝不同，拳藝的質量和結果當然不同。但終極是周身鬆靜，無形無象，全體透空，是不容質疑的。

沒過鬆靜關的朋友周身發緊，周身大小關節僵滯。他們身上缺少的就是鬆靜——這些最為珍貴的東西。

在當今太極拳圈子裡，不少練拳多年者，不能與人比手較技，遇對手全身緊張，肌骨僵硬，將太極拳的「輕靈」「鬆柔」，以及陰陽變化的上乘拳法丟得一乾二淨，剩下的只有本力加招法了。正如老子所言：「人之生也柔弱，其死也堅強。」活人變成僵骨死肉，能不敗下陣來嗎？這是什麼原因？因其身上不具備鬆柔內功，周身大小關節沒能鬆開，拳家僅練一套乾巴巴的太極拳的套路，或者說不知鬆為何物。

太極拳好學難修，其意易解。學套拳一年半載，悟性好的三五個月，拳勢大方，腳蹬得高，表演、比賽受好評，但鬆不下來，身上本力不退。太極拳屬於武術，但練法別於武術。太極拳有它自身的特性和規律。以陰陽學說規範動作，拳法套路由不同方向的環形路線組成，一招一勢循環形走弧線，動則分為虛實、陰陽。拳論要求「極柔軟」「周身輕靈」。不輕靈就違背了太極拳的理法，沒有陰陽也不能算是太極拳。太極拳的根基在腳，故拳論云：「其根在腳，形於手指。」其意告訴習拳者，太極拳的手是形，形於手指，就是手指不著力。腳為根，腳下陰陽變動，反映在手上，如果用樹形容練拳的人，腳是樹根，那麼腳神經則為根系。隨著年深日久功夫深厚，腳神經深深扎入地下，身子穩如樹幹，如果有人去推，相當穩固，像水泥柱樁，撼之不動。拳人已與大地融為一體。手呢？形於手指，手是不著力的樹葉，很靜，輕輕撫摸極為柔軟。手上功夫不是孤立的，勁起於腳下，一動無有不動。周身關節不分大小都自然鬆開，且節節貫串。老輩拳家關節之間有「氣」，手指的關節亦如此，此時周身處於渾圓鬆柔之無極狀態。

如何提高拳者的鬆柔、鬆空功夫呢？從踏入拳場的第一步，在給學太極拳者講第一節「明理」課和學練第一個拳勢，應該像嬰兒學語，幼兒學步一樣，要準確，認真從規矩入手。在明理課中講鬆柔為拳魂，拳勢動作要輕靈，用意不要用力。

在今後的訓練中，拳師要牢牢把握「輕靈」「鬆柔」之關鍵，使學生從容走上修練太極拳鬆柔的道路，要一點一點地退去身上的力，肌肉間以及骨縫中的力也不能存留。

## 三、太極大師的鬆空功夫

在京城太極拳發展史上，有多位大師在京城設武館授拳，有很多膾炙人口的動人故事。我學吳式太極拳，只能介紹一些吳式拳大師們的功夫。

吳式太極拳開山鼻祖全佑（1834～1902），滿族人，姓吳福氏。

全佑在清神機營當差，得太極神拳「楊無敵」楊露禪真傳。後又拜露禪之子班侯為師，得楊氏父子之傳授。將楊氏之功，加之自身所長，在京傳播，名噪京城。

傳說班侯年少學功時也是不情願，每天由父親拿大棒子追著學練。年齡稍長之後，對太極拳有了深刻的認識，練就一身絕妙的太極功夫。周身鬆靜得令人生畏。他教弟子時手下從不留情，舉手投足將弟子發到數公尺或十數公尺之外，有的摔得爬不起來。有人由於怕挨打棄師而去。難怪吳圖南大師說習練太極拳「要有脫胎換骨的毅力」，此言並非駭人聽聞。有一位和班侯很好的拳友，跟班侯聽勁，班侯一個「搬攔捶」，僅僅左手抬起，右捶在對方左肋上似打非打的動作，此人已經招架不住，肋骨像塞上了一個木橛子。班侯大師出手打傷打壞拳友以及弟子之事時有發生。

循中華武術傳承的傳統，班侯在北京將太極絕技傳授給得意之徒全佑。全佑得到楊家真傳。他開創了吳式太極拳，成為吳式太極拳的開山鼻祖。全佑將身上的太極拳絕技傳授給兒子鑒泉和得意門徒王茂齋。

吳鑒泉（1870～1942）為吳式太極拳開山奠基人。在京傳播太極拳小架，從學者眾，全身空無到絕妙之處。多麼強悍驍勇之士，在鑒泉面前難以出手，沒有用「武」之地。傳說，跟鑒泉大師學藝，雙方四手相接，對方的五臟六腑在腹內翻騰，大喊：「老師放手，受不了啦。」

為什麼吳鑒泉大師周身能空鬆得如此呢？鑒泉大師在京時，常被邀請到王公大臣府內授課。教當朝政要練拳，無疑是哄著大臣們玩，既要教他們練拳，提高他們的興致，又要使他們能學到一些太極功夫，讓這些養尊處優的王公貴族滿足，不出現摔傷的危險，樂意交學費。鑒泉大師鬆鬆空空化掉他們的來力。日久天長，大臣們滿足了，鑒泉大師的鬆柔、鬆空、鬆無功夫，在實踐中有了很大的提高。

1928 年，吳鑒泉赴滬教學，楊禹廷為鑒泉大師送行。在臥鋪車上，鑒泉大師躺在鋪上，令他從頭到腳經後背往下摸。青年楊禹廷從上往下雙手輕輕順褥墊往下捋，令他吃驚的是，鑒泉大師身體浮懸起來。楊老拳師說吳鑒泉大師的周身鬆空得像個衣服架子，站在他面前，只要想摸對方，兩隻腳就沒有了根基，飄浮、晃悠。楊禹廷贊嘆道：「如今鬆功這麼好的人不好找了。」

吳大師 1933 年在上海創建「鑒泉太極拳社」，將吳式太極拳傳播到江南和海外，他的兒孫還在香港和東南亞諸國發展。鑒泉大師在上海的弟子很多，有滬人徐致一、蒙族人吳圖南，兩位弟子素有師父「兩扇門」之譽。吳鑒泉之女吳英華得父真傳，女婿馬岳梁為嫡傳。馬岳梁在鑒泉大師的教化下周身鬆空一體，完整一氣，推手技擊，圓轉鬆空。曾有一武術家來造訪試手，向馬老奮力強擊，馬老未動，此人已被打飛十公尺以外。

馬岳梁老拳師 86 歲赴德國、荷蘭兩國訪問，傳播中華民族的傳統文化太極拳。有德國武師比試高低，馬老在武師肩上施按，他頽然倒地，將青年武師胸部一推騰空跌出。說明中華民族傳統文化的深厚底蘊，以及太極拳之神奇。

全佑在京弟子中王茂齋令人矚目，他與吳鑒泉齊名，素有「南吳北王」之贊譽。

王茂齋（1862～1940）山東掖縣人。少時來京，在磚灰鋪學徒，後經營此業。他尊師重教，功底紮實，空鬆自如，深得全佑大師之真傳。與鑒泉師弟情義極深，在拳理認同上十分默契，深研太極拳藝，敢於突破前人，大膽改進教學，成為北方創業奠基的掌門人。吳鑒泉和楊澄甫南下在上海、江南各省發展。茂齋大師留京發展，名聲大振，在京宗於吳式太極拳者皆為其傳人。王老師為人忠厚老誠，熱心助人，凡南來北往路經北京的名士，多去拜訪交流拳藝，互相切磋。有從學者，也毫無保留，如腰中缺少盤纏，盡在大師家中吃住。常有投學試功者，有一位到鋪店來買筐，正當王茂齋在櫃內支應，給他幾個筐他都不滿意，一定要架頂上的。王蹬凳拿下，往櫃臺一放，這位買家扶筐而入勁，王老師在瞬間鬆空後看他一眼，此人被飛身發放至門外跌於街上，此事在京城傳為佳話。

王大師在京學生、弟子眾多，其子王子英，弟子楊禹廷為佼佼者。

王子英鬆柔功夫極佳，較技無形無象，以意、氣、神贏人。與人交手，對方有泰山壓頂之懼，絕對不知力點在何處，達全身透空之境界。

傳說，王子英全身鬆空之後，對方站在面前無法伸手，早已跌入他面前的鬆空的「坑」中。

楊禹廷（1887～1982）九歲習武。先後拜周相臣、趙月山、田風雲、高克興等諸位名師學藝。他精於回漢兩門彈腿、少林拳、黑虎拳、形意拳、八卦掌及劍、刀、棍、戟、鏜等器械。自拜王茂齋為師入門學練太極拳以後，專心一意習練，用功良苦，發憤圖強技藝精湛。達到全身透空，無形無象出神入化之境界。

楊老師在京城素有鬆空藝術大師之美譽，可見其已進入太極拳靜心、淨體之佳境。他坐在老式木質太師椅上，你不去碰他，他像一位普通的老人，沒有一點特殊的樣子。你用神去看他，他像一個人影兒，或是像一個衣服架，掛著一件衣服。如果想去推他或打他，腳底下便有十分奇妙的變化，感到無根發飄，眼前似有一個無底大深洞。

筆者有幸在禹廷大師門下學藝，得到老拳師的點撥，也幸運地能觸摸到老拳師身上鬆柔鬆空、全身透空的「味道」。老拳師的身上，從腳到腰，從腹到手，從背到頂，周身上下，聽勁遍全身。摸觸的地方面積大，大空洞，面積小，小空洞，太極拳鬆空藝術嘆為觀止。

聽勁遍全身，摸到哪兒哪兒空，什麼也摸不著，就是圈裡人常說的「摸不著東西」，老人家已成為空無之體。一隻手扶他的手，兩手相接，在他腳下左、中、右便出現三個無底大深坑，使你有腳站坑沿，欲跌入坑內之懼，不敢越雷池半步，感覺到頭重腳輕失去重心，胸中憋悶，呼吸困難。他的胸是一個大深洞，他的腹也是一個摸上無底的深洞，小腹空空的；腰更為玄妙，手放上去聽勁（或掌或拳均可）一個窄洞，似磁石一樣，從手到腳吸你，手便難以活動，如果想抽手逃去，小深洞變成極大，大而超過腰圍成為大深洞，從洞中出來一股難以抗拒的力量。

鬆功在楊老拳師身上沾連黏隨，反應更為絕妙。他坐著不動，你去輕扶他的衣服，也僅僅是扶衣服，無法深入到肌肉和筋骨。扶老拳師的皮膚和汗毛？身體已經失重，感覺被沾住，六神無主，胸中「鬧心」憋悶。他讓你扶上身，扶肩沒底，兩肩突然鬆沉下去，似乎嚇一大跳。如果老拳師不鬆雙肩，他從肩到腳一公尺多高，似扶著一張薄薄的紙。

我們在他身上聽勁，試著體驗鬆功。掌扶，便有掌大的極鬆極空、什麼也摸不著的空鬆區域。用力或是想用力按，這塊掌大面積立即變得堅剛無比。用拳壓在任何部位，拳面的接觸面，從你而鬆柔，用力打則堅剛；用手指輕按和實按，同樣在接觸點上有空鬆堅剛之感。更值得我們學習和研究的是，無論我們用力猛打，還是輕輕按扶，老拳師的表情平和，在接觸點有同樣的沾黏之感。

藉由向老拳師學練和體驗鬆柔功夫在進攻者身上的反應，說到實質，是太極拳在瞬間從裡及表，心神意氣以及肢體上的陰陽變化的反應。如果立志走進太極之門，欲在博大精深的太極拳學中進行學習和研究，不得不在鬆功學上下一番苦工夫，這要有堅毅的恆心，要有百折不撓的精神，而這種百折不撓的精神不是海底撈月，不是在兩軍陣前衝殺，不是在世界大賽中搏鬥，而是循拳理拳法，心神安靜，一遍一遍練拳，在陰陽變化中漫遊，將血肉之軀練空、練鬆，練成無形無象的全身透空之體。

總之一句話，你習練太極拳嗎？一定按照太極拳的規律習練太極拳。簡單說，要按照太極拳的特性習練。太極拳屬於武術，有武術的共性，因為太極拳的理論源於老莊哲學，所以他有自己的特性，不了解太極拳之特性，下多大的工夫也是盲練。

什麼是太極拳之特性呢？

其一，拳論云：「太極者，無極而生，陰陽之母也，動靜之機也。」練拳中每一個動勢，都要有陰陽，動之則分清陰陽，沒有陰陽也就沒有太極拳。陰陽亦稱虛實，「一處有一處虛實，處處總此一虛實」。

其二，拳論教導：「一舉動，周身俱要輕靈。」練拳的每一個動作均應輕靈，「道法自然」。不輕靈，用拙力，是違規操作，練幾十年也白練。

其三，拳論明白告誡後來學子曰：「須向不丟不頂中討消息，全是用意，不是用勁。」「用意不用力」是太極拳的基本法則，用力你還是去練金剛拳。太極拳是虛實變轉，舉動輕靈，用意不用力。練拳按此規律行動，沒有不成功的。

吳圖南（1884～1989），蒙族人，姓拉汗，名烏拉布。吳圖南大師精於騎射、輕功、摔跤以及各種兵器，明醫理、通經絡學，研究太極拳拳理拳法，著述頗豐，有《太極拳之研究》《國術概論》等太極拳理論專著問世。尚有《鬆功論》，老拳師健在時未能出版面世。

吳圖南大師是多所大學的教授，是原北平故宮博物院的專門委員，在太極拳的研究上獨具匠心。因為他通醫學、經絡學，在太極拳領域裡造詣極深。《鬆功論》說：「有人不解以為非鬆功也，殊不知不能上安能下？學者宜深切體會之，方自得也。」老拳師講的是鬆之根本，領悟它的精髓，會從中獲得教益，從此練拳，拳藝豁然貫通矣。

筆者從學吳老拳師是在 60 年代末，對太極拳理知之甚淺，又不懂在拳中修養陰陽變化。只要老拳師高興，我便伸手往老拳師身上放力，不要說觸到他身上，出手碰到他手指，腳下立即飄浮，只想抓根稻草逃跑。

有一次掌按上他左胸，老爺子看看我，吃吃一笑，我已被發出四五公尺之外。還有一位受寵愛的徒孫，兩手插入老拳師左右兩個腋下，他立刻感到兩隻腳踝發軟，根本就站立不住，幾乎癱軟在地，吳老爺子輕捋美髯哈哈大笑。吳圖南老師功夫極佳，摸在哪個部位，哪兒空，扶哪兒，哪裡翻，一根羽毛之力也不讓你往他身上放，可謂全身透空也。

## 四、認識太極拳

習練太極拳，修練太極拳，追求鬆柔功夫，到最高境界鬆空、鬆無，無形無象，全體透空，這是太極拳修練者一生的終極目標。

在修練太極拳向深層次努力的時候，奉勸同道冷靜下來，在粗讀、細讀先賢留下的經典理論的基礎上，再精讀拳理，習拳明理方可得道。京城太極拳鬆空藝術大師楊禹廷老拳師給學子授課，經常說的一句話是「打拳打個理」。這是至理明言，又是經驗之談。

### 1.什麼是太極拳

弄不明白什麼是太極拳，練來練去，練了一套太極操，不知太極拳為何物。什麼是太極拳呢？陰陽變化。宋人周敦頤《太極圖說》云：「無極而太極。太極動而生陽，動極而靜；靜而生陰，靜極復動。一動一靜，互為其根。」太極拳大師楊禹廷說：「太極拳就是一開一合。」

太極拳習練者在習拳明理後，再去習練，跟不明理練拳大不一樣。太極拳陰陽為母，動即陰陽，離開陰陽難以詮釋太極拳。但是，陰陽難求，代代拳人都在苦苦求索，又困惑著多少太極拳人呢？時至今日，仍然有眾多太極拳習練者不明陰陽，仍然以拙力強加在太極拳的拳架之中。

王宗岳說：「陰不離陽，陽不離陰，陰陽相濟。」人體科學由陰陽兩大部分組成，人體經絡六陰六陽有十四條經脈，手心手背分為陰陽兩面。「天地為一大太極，人身為小太極。人身為太極之體。」沒有陰陽人類也難以成形，大自然中陰陽無不存在，陰陽為母的太極拳更視陰陽為本源，動之分陰陽，互為其根，沒有陰陽便沒有太極拳。

上世紀的二三十年代，楊禹廷在北京教授太極拳，為了便於教學，他將吳式拳定型架，每勢以陰陽動作編排，83式分為326動，其中163動陰，163動陽，陰陽平衡。以陰陽動教授太極拳，是一次重大的教學改革，也是一次偉大的創舉。

豎看歷史，從孔子、老子、莊子，周敦頤、朱熹，中國的哲學影響著太極拳的發展。太極拳有了雛形，功不可沒的人物屬程靈洗、許宣平、李道子、張三豐、陳王廷、蔣發、陳長興、楊露禪、全佑、武禹襄、吳鑒泉、楊禹廷等等，因為有了這些優秀的太極拳人，代代傳承，太極拳才有了今天的完美和輝煌。王宗岳、武禹襄、陳鑫和吳圖南，四位是太極拳學者，他們留下的太極拳著作頗豐，是光輝的典範，對太極拳的發展起到推波助瀾的重要作用。

## 2.太極拳是什麼

太極拳是什麼，讓我們站高點，站在太極圈之外看太極拳。太極拳是文化，是藝術，太極拳是哲學，太極拳是醫學，太極拳是美學。太極拳是人生的體驗，體驗自身的生命運動。太極拳是人生道德的完善。

不管是什麼人，中國人還是外國人，提起太極拳，異國同聲，太極拳是中華民族的傳統文化，太極拳是中華民族文化寶庫中燦爛的瑰寶。

原亞武聯主席徐才先生認為，武術（當然包括太極拳）是「中國古典哲學、美學、中醫學和養生學的滲入和孕育，使武術形成獨樹一幟的人體文化」。很多外國人欲了解中華民族五千年的文明史，了解中國文化是很困難的，但外國人中的太極拳愛好者認真學練太極拳，他們在一陰一陽的變動中，體驗到東方文化的韻律，體驗太極拳藝術，深入了解太極文化的精髓。

太極拳屬於武術，如果單從「武」字上認識和接近它，恐難走近太極拳的本質，更不可能深入太極拳的品格。拳是武，武是打鬥，是論勝負的。練太極拳講打，論勝，文化藝術品位將喪失殆盡。太極拳是武術，但有它自己的特性，其一是「舉動輕靈」，其二是「用意不用力」。輕靈、用意，是太極拳的文化品味，藝術審美，有人形容打拳行功如行雲流水，是詩是畫，甚是好看。此時的拳已經不是武士的勇猛剛烈，它表現的是文化形態，是一種文化精神，是太極文化藝術的展示。

人是太極拳的載體，從這一觀念出發，練拳人對太極拳的認識，表現修練者對拳理拳法的理解，仁者見仁，智者見智，他們的修為結果不同。文化層次高的朋友習練太極拳，他們對太極拳理有較深的理解。他們的視線是從文化藝術品味審視。他們對太極拳的功理功法理解準確，把握太極拳陰陽學說，習拳練功自然無形無象，以太極陰陽相濟盤拳，體驗鬆柔、鬆空、鬆無的動態運行，體驗太極拳之文化藝術品位，以提升自身的品德。如果修練者文化素質低下，得到太極拳之真諦就比較困難，作為載體，體內不淨，很難進入別的什麼。

初練太極拳者要有「載體」意識，先靜體淨身再去練拳，這是築基功，不是多餘的，可有可無的。一時靜體淨身有難度，不要急躁，慢慢會如願。但你一定要有載體意識。載體似一張白紙，寫什麼畫什麼任你自由，寫上太極拳，別的什麼就寫不上去了。

筆者在《太極解秘十三篇》一書中，強烈呼籲「太極呼喚學者」，云：「從習練太極拳者的學歷評估，當前大學以上學歷的愛好太極拳者逐漸增加。一位美籍華人，他是太極拳的熱心傳播者，來京交流拳藝。他介紹，在美國收學生，不是大學學歷者不收。理由十分明白，太極拳是聰明人練的拳，是高文化人練的拳。有一位舞蹈家到寒舍拜訪，她在舞蹈領域功成名就，要深研太極拳，以體驗太極文化藝術之審美，為舞蹈充電。我們太極拳修練者應在理論修養上有所作為，吸引更多的學者參加到太極拳運動中來，太極拳呼喚學者。」

不是從文化藝術審美看待博大精深的太極拳，很難理解拳之真諦。最終什麼鬆、空、無的拳理也聽不進去，落入談武論勝的尷尬境地。

太極拳其根在腳，鬆空是拳的靈魂。修為太極拳是退去本力，鬆柔、鬆空內功進入身體。下面兩幅圖說明鬆空的威力。

**圖 1：**作者坐姿，右前臂放在茶桌上，對方雙手實按作者前臂，弓步，雙手和雙腳四個力點，雙肩為兩個支點，常人看為優勢。

**圖 2：**從太極拳內功視角審視，對方犯主動出力之大忌，變成劣勢。坐者以靜制動，鬆虛周身，意識繞到對方身後，使對方雙手雙腳失重、按空，飛身而起。

圖 1

圖 2

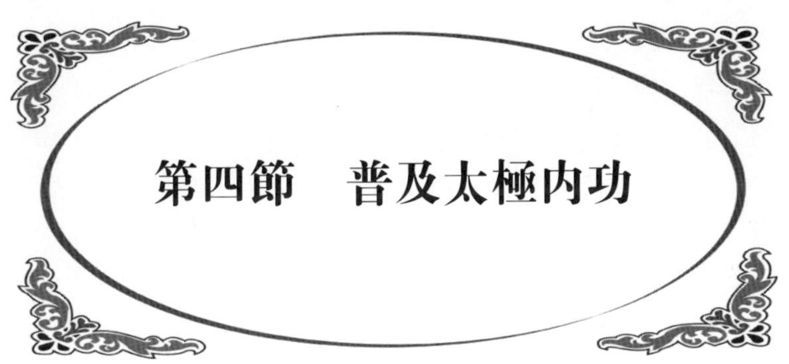

# 第四節　普及太極內功

普及太極內功，有人質疑，普及傳統太極拳都難度很大，普及太極內功談何容易。

其實，太極拳和太極內功並不是想像中的那麼博，那麼大，精的難以走進，深的不可測量，如此嚇唬自己還能走近傳統太極拳內功嗎？承傳傳統太極拳不單是先輩的經驗，而主要是繼承他們的治學思想和教授方法。

以筆者多年研習傳統太極拳拳理拳法的體驗，以減法修練為大道，大道至簡，修減法太極內功，是平和心態，也是文化和道德的修養。

## 一、減法太極內功

從多年研習傳統太極拳的體驗，欲修太極內功，減法內功為大道、正道。

先哲王宗岳在《太極拳論》中著重明示：「一羽不能加

……本是捨己從人。」一羽不能加和捨己從人都屬於減法範疇，不加便是減，從人為減絕對不能加。太極拳大師楊禹廷對我教授最多的都是減法。他老人家問我：「咱這拳有多少動？」我恭恭敬敬回答：「83式326動。」老爺子舉起左手，伸出食指和中指擺了擺，說：「就是兩個動作，一陰一陽。」全套拳326動減去324動，僅僅剩下兩動。

就這一陰一陽兩個動作，我在楊老師的精心指導下，苦練了9年。9年兩個動作，楊老爺子領著我進入太極之門。同時，讀懂了楊禹廷，明白了太極拳。

減法太極內功修練，說得通俗些就是無障礙練拳。什麼是練拳中的障礙？諸如練拳時周身出力用勁，出力便無輕靈可言，有動意，想經絡、想穴位，這一切一切都是障礙。要無障礙練拳，練拳時，什麼也不想，越輕靈，越虛靜越好。再通俗解析，小孩子吃冰棍，舉著冰棍不咬，在嘴裡含著，將冰咂成水咽下。

練拳的過程，如咂咽冰棍水的過程。老子說「天下莫柔弱於水」。練拳是冰棍在慢慢化水的過程。減法修練無障礙行功，退去本力，排除一切雜念，不要有動意，周身柔弱似水，內功上身，入門有路，此時尚不可言功成。大道以虛靜為本，恬淡虛無，真氣從之，水蒸發為氣，太極內功可以稱謂為無形無象，全體透空之大道也。

減法就是減力，習練太極拳的每個動作要把握減力，勿加力。楊禹廷老師說，練拳時周身不掛力，不掛力就是減力。理解了太極拳減法操作，動則減力，太極內功能不上身嗎？

## 二、改變觀念

深研傳統太極拳，重要的是改變思維，改變觀念。我在一篇文章中坦言：「若想在太極拳領域中探求個深淺，用常人的思維去想，用常人的眼光審視，想上幾十年，看上幾十載，什麼也想不深，什麼也看不透。」在太極拳修練中，太極拳人改變思維、改變觀念、改變視角是十分重要的，否則將一事無成。

楊氏老譜云：人身為太極之體。頭腦、眼睛也應該是太極頭腦、太極眼睛，看事物亦應以太極的本質從表及裡的觀察。凡太極拳修練者，均應以太極陰陽的視角觀之。

修練太極拳為什麼要改變思維觀念呢？太極拳修練層次性極強，初中難以了解和明白高中的課程，當拳藝提升到高中的水準，對高中的課程自然明白。向初中生解釋高中的學識，對初中生是無益的，聽不明白弄不懂。

太極拳修練者每天習練太極拳，研究太極拳的拳理拳法，如仍以常人的頭腦，一顆普通人的心，不能以陰陽變化看拳藝，一葉障目，只見樹木，不見森林，如何深研？

為什麼有人太極拳修練有悖規律，墨守原有觀念不放呢？筆者有幾位同道，練太極拳半個世紀，但對太極拳的真諦悟得較淺，總也進不到較高的境界，周身僵硬，本力退不掉。究其因，思維觀念不改變是重要原因，對太極拳的特性和本質認識不夠，難以向前邁一步。邁一步「柳暗花明」，但就這一步，多年來也邁不出去。

太極拳人的思維觀念的改變是十分重要的。總是在「力」和「招」裡打轉轉，就走不出來。改變思維，改變觀念，就是偉人鄧小平說的「換腦筋」。你修練太極拳，要將常人的頭腦，換成太極拳的頭腦，說話、看事情，都要按照太極拳的規律去舉動，能不成功嗎？以太極推手為例，對方的手進攻過來，一般練家均本能地以力手接住對方的進攻手。對方合適了，要怎麼打你就怎麼打你，你沒有任何脾氣，受人擺佈，失去了自主權、反攻權，聽命稱臣，否則難以解困。

太極拳的特性是用意不用力，是舉動輕靈，你以力手接對方進攻之手，給人家當了拐棍，「率皆自為人制」，自討苦吃。如果在接手時，你改變思維觀念，以「四梢空接手」，情況將大大改觀，對方的進攻當即停下來，該盤算著如何逃跑。他有逃跑的動意，是你反敗為勝的時機，抓住瞬間即逝的「時機」，化中去打擊對方，定操勝券。

仍然徘徊在原有觀念的太極拳同道，坐下來讀一讀拳論、拳訣，讀一點古典哲學。總結修練過程中符合不符合太極拳的規律，改變思維觀念，修正訓練方法，沒有不成功的。走出這一步是很難的，這是因為太極拳的博大精深。因為太極拳是修自身，不是練人家。沒有這種認識，這種觀念不改變，修練的道路難以到達盡頭。

修練太極拳的人，都說太極拳博大精深，這種理解定位在拳上。不對！刨根問底，還是在修練者身上，要定位在自家身上。再舉一例，太極起勢被前輩拳師稱為「母式」，深解其意，起勢練準確了，一套拳也就通了。筆者跟隨恩師楊禹廷習練起勢一陰一陽兩個動作九個年頭，打下了很好的基礎，悟到太極拳的真諦。但是很多同道，對起勢的修練，起步學練，急急忙忙將幾十式的套路學會。其實，學練者不知，學得越快，走的彎路越大。

太極起勢共4個動作，1、3動為陰，2、4動為陽。以1、2兩動剖析，習練者無極式站好，1動，鬆左腿實右腿，由兩腳雙重，從左向右，左胯橫移向右，成為右腳（腿）重心。2動，鬆右腳，向左移右胯，成為兩腳雙重。一陰一陽兩個動作，左胯向右移，變轉為右腳重心，然後右胯向左移，又還原為雙重。如此操作，起勢的一、二兩個動作太簡單了，學齡前班的兒童都會移動左右胯。這麼簡單的兩個動作，一看就會，一說便明白，所以，成千上萬的人及世界各地的太極拳愛好者都在以左右胯橫移重心練太極拳。

這麼簡單的兩個動作，筆者在楊老師的指導下，習練了九個年頭八年整。駭人聽聞嗎？故弄玄虛嗎？不是，絕對不是！以常人的習慣，加太極拳「左顧右盼」的拳理，鬆左腳，重心從左向右移胯，雙重變轉為右腿重心。再左移胯，還原雙重，這麼簡單的兩個動作為什麼要練八年呢？

一位資深的同道從西部來，相互切磋太極起勢，對方推筆者左胯，勁力向右推，很困難，推不動。推他呢，輕輕一推，對方向右倒去。前不久從紐約來幾位習練吳式太極拳的洋同道，在給她（他）們詮釋太極拳起勢時，他們的左胯不能碰，輕觸即向右倒。為什麼？歸根到底還是沒有改變思維觀念。太極拳技藝是很嚴酷的，不管你練拳多少年，固有的觀念不改變，仍然以常人的思維對待太極拳訓練，只能是原地踏步，技藝難以向上提升。宗師王宗岳在拳論中寫的「左重則左虛，右重則右杳」，左重，指習練者的左手、左腳、左胯，總之左邊一側受到威脅，或受重力來襲，受到攻擊，以力還之，水來土囤嘛，這是常人的思維。

以太極拳人的視角，對方重力攻來，攻何處何處輕，襲何部位何部位空，以杳、以空、以無對待之，通常所說的太極拳術語，稱化、稱走，絕不能以力來勁堵。

太極拳很注意意念，請注意意大是力、是滯。如果做起勢，成年累月想著向右移動重心，當你向右移重心時，不用力推，輕碰即右跌，還有疑問嗎？筆者習練起勢，不是向右平移左胯，而是鬆左右腳，左腳一鬆到頂，再從頂鬆到右腳，完成了右腿重心的變轉。對方從左向右推，左胯鬆空沒有力點，是拳論說的「左重則左虛」，從腳上鬆到頂，對方向右推，便推不上力，已不受任何威脅，輕鬆完成太極起勢的兩個動作。

修練太極拳的過程，是改變思維，改變觀念，退去自身的本力，接受太極內功進身的過程。這是太極拳規律。

改變思維、改變觀念、改變視角，這三改是修練太極拳、深研太極拳學的先決條件。相反，仍以常人的思維及常人的觀念，以一雙普通人的眼睛看太極拳，想太極拳，如何修練太極拳，何談深研拳理呢？仍以普通人的雙腳在拳場走來走去，再走幾年，還是走來走去而已。

修練太極拳其根在腳，什麼腳，太極腳，腳下雙輕、自爾騰虛。說具體些，練拳時雙腳平鬆落地，不是雙腳踩地，十個腳趾要一個關節一個關節地放鬆。以這種感覺練拳是什麼味道，品味出太極腳的味道之後，你的雙腳再也不去踩地了，這是在腳下改變觀念。

改變思維、改變視角之後，你將不再去練拳，視自己軀體是一個太極拳藝的載體，你將請太極拳練你。在練拳過程中漸漸退去本力，在身體內部，騰出更多本力的空間，請太極功進入，此時此刻你有了太極內功。手在盤拳修練過程中，不要掛力退去手上之力。推手技擊手不著力，你的內功境界要高出一般習練者。

在思維、觀念、視角三改之後，再看再想太極拳，全然變了樣，從主動練拳到被動行功完完全全不一樣，修練太極拳判若兩人。前者練拳動意大，一切動作主動、妄動。「三改」之後，再練拳沒有了動意，真正理解了楊氏老譜中的兩句拳訣：「太極不用手，手到不要走。」「大動不如小動，小動不如不動。」兩句拳訣觸及太極拳的靈魂。

修練太極拳，改變思維、改變觀念、改變視角非常的重要。對進入太極拳的高境界，養生、延壽有很好的效果。

## 三、人體的反映

太極拳拳藝絕不是嘴上說的，也不是乾巴巴的太極操，內功是遵循太極拳的規律，一個勢，一個動作，一遍遍練拳，是常年累月功夫一分一秒的積累而得。是在陰陽變化行雲流水的動態中，練中悟，悟中而得。太極名家的警語「太極功夫是拳上練出來的」「拳打千遍其理自現」「由著熟而漸悟懂勁，由懂勁而階及神明」。

太極內功是什麼，看得見摸得著嗎？太極內功實實在在存在於修練者的身體之中，太極拳在人體中的表現為「身知」「體悟」。太極拳是修練中身體上明白的拳種，不單是理論、說教，要從周身體驗中明白拳理、拳法，例如陽鬆周身汗毛豎立起來，輕撫有紮灼感。如果修練者說到鬆時，汗毛仍然伏著豎不起來，此修練者還是不明白太極拳。雙肩在周身九大關節中是最後放鬆的大關節。對方以左右手緊攢前臂往上托是檢驗放鬆肩關節的最好方法，檢驗人托不起對方關節，而腳下打晃，則證實對方雙肩已放鬆。如此，檢驗太極拳修練者周身全體內外各個關節是否真正俱備內功，以推、壓、托的方法是最佳的檢驗手段。

什麼是太極內功呢？

筆者在一篇題為「九鬆十要一虛靈」的論文中，提示周身的大關節從腳往上踝、膝、胯、腰、肩、肘、腕、手九大關節應該是空鬆狀態，各關節間似乎有空隙相隔又相連，單獨可以放鬆，又節節貫串。而手指和腳趾的小關節也應逐節放鬆。還有臀、襠、小腹、腹股溝、胸、背、胸窩、脖頸等部位都應按拳之規範一一放鬆。

太極拳的拳之母為陰陽變化，拳之魂是鬆、是空。太極拳拳理拳法要求習練者周身內外放鬆，必須鬆乾淨。所謂鬆乾淨，是周身上下所有大小關節、關節間、骨骼間、骨縫間、肌肉、肌肉間、肌骨間、隨意肌和不隨意肌之間，以及精氣神、臟腑中的氣道、血液循環通道、經絡、消化、排泄系統的十二指腸、小腸、大腸等器官都應一一放鬆。太極拳要求的放鬆別於任何兄弟拳種要求的一般意義的放鬆。太極拳內功的放鬆是「大道以虛靜為本」（丹經）的虛靜的靜鬆，是周身放鬆乾淨的淨鬆，是「天下莫柔弱於水」的柔鬆，除此難以達到太極內功的鬆柔、鬆空的要求。

太極拳內涵豐富，核心就是內功，你把握了太極拳的內涵，也就是得到了太極內功。得到太極內功後，在盤拳修練中體現太極拳豐富的內涵。

諸如陰陽變轉，舉動輕靈，周身鬆空，動分虛實，虛實漸變，動靜開合，弧線運行，空腰鬆胯，安舒中正，以意行功，根基在腳，腳虛鬆趾，沒有腳踝，上下相隨，手腳結合，不用勁力，立柱身形，內外三合，妙手虛空，空手輕扶，心腦不接，無意無力，勿有力點，虛靜為本等等，有心法的也有功法的，但太極拳人內外雙修均應具備以上綜合功夫，缺一很難說自己已經把握了內功。

## 四、被動練拳

被動練拳，是提示習練者對太極拳認識和理解之後，被動行拳可稱為最佳拳法。太極拳和修為太極內功是同步，太極功夫是拳裡練出來的，修練的同時，太極內功顯現於身。

怎樣修練太極內功？練拳！怎樣修練太極拳呢？按太極拳的規律練拳。什麼是太極拳的規律？規律是拳之特性，規律也可稱謂為規範，說通俗些，是遵循太極拳的規律行拳。太極拳之特性，首先是王宗岳在《太極拳論》開篇講授的太極拳的根本，「太極者，無極而生，陰陽之母，動靜之機也」。只要你練太極拳，動則分為陰陽，「其根在腳」，在腳上分陰陽是第一位的。在楊氏老譜中，「天地為一大太極，人身為小太極」，將太極人定位為太極之體，你便摸到了太極拳的規律，周身應該無處不陰陽，陰陽之體是人類本來之面目。

由於人的生存本能以及自衛好勝之心，特別是男性，動之用力，陰柔深深隱沒於體內，陽剛顯露，剛強在外，加之練武之人以剛武為要，於是越練越堅硬，難以含化，冰棍不融化，內功無法上身，太極拳技藝就是如此嚴酷。所以筆者認為減法內功、被動練拳是登堂入室的不二法門。

所謂被動練拳也是無障礙練拳。每天練太極拳，不要正正規規刻板地一招一勢練拳。一個動作開始，在出手之前，先有動意，意念想到何部位，站好方向認認真真打拳。就是自己要練拳了，周身的肌肉開始一塊一塊僵緊，心神緊張，如此練拳不如練體操。鬆鬆、柔柔、輕輕、靈靈，周身內外放鬆，腳手一致，自自然然行動起來。習練者只有放鬆，什麼也不想，周身關節放鬆。

太極拳套路路線，在習練者周身前後左右上下漸漸清晰起來，以食指輕輕扶著拳套路弧形線盤拳，盤拳若是大汗淋漓，就是加法，要查一查，回到減法修練中來。減法練拳，人體就是一臺「空調機」，夏天肌表串涼氣，冬季從裡及表發熱，微微滲汗，妙不可言。

修練太極拳祛病養生啊，健體強身啊，要得到什麼什麼功，都不是主要的，最為重要的是過程。在修練的過程中，周身退去本力，周身大小關節逐節放鬆且節節貫串，五臟六腑及十四條正經通暢，氣道、血液大小管道順通，心、神、意、氣鬆靜，這一切一切都是減法修練的結果。

請同道在實踐中去體驗，當然，把握尺寸，掌握運行中的度，靠個人靈性去積累經驗。只要你在太極拳陰陽變動中減法行功，便是操作準確登堂入室，心與神通，神與道一，道法自然，得到太極內功只是時間的問題。

為了修練太極內功，還要闡述一個對太極拳的認識和理解的關鍵。人類有自身的生活規律和運動軌跡，而太極拳有它的規律和運行軌跡。人和拳的規律是不相同的，人和拳的運行軌跡也難以融合在一起。我修練太極拳多年，深深體驗到練太極拳不應該以自身的生活規律和運動軌跡替代拳的規律和運動軌跡。

所謂被動練拳，通俗解釋為，練太極拳絕對不能以常人的觀念看待冠以太極的拳，也不要以自身的生活規律和運動軌跡替代拳的規律和運行軌跡。要以平和的心態，放棄自身的生活規律和運動軌跡，舉手投足，動分陰陽，舉動輕靈，任何動作也不須用力，以符合拳的規律和運行軌跡。動作如行雲流水，在陰陽變化中鬆柔動態運行，不要摻入主觀的東西，一支羽毛也不要加入。

如此操作，久之，太極鬆功自會悄然上身。

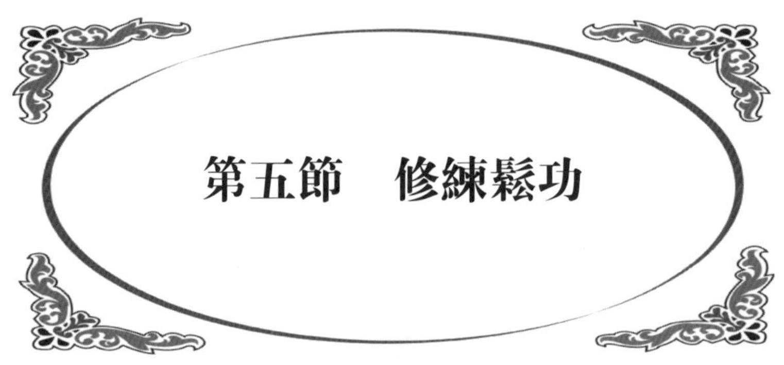

# 第五節　修練鬆功

太極拳的每個動作都是鬆功修練，統稱為在陰陽變化中的鬆柔、鬆空動態運行的內功修練。練太極拳時，必須放鬆周身，心意完全放鬆之後，周身肢體方有可能放鬆。心鬆、神鬆、意鬆、氣鬆是看不見的，「看不見」不等於沒有，修練者可以感覺到，可以體驗到。

先賢說「行氣如九曲珠」。年輕時請教過幾位資深的太極拳家，認為九曲珠是形容周身從腳到手、踝、膝、胯、腰、肩、肘、腕九大關節，為九顆珠，腰是承上啟下中間一顆最大珠子，像佛珠一樣九顆珠串起來，是整體一串又互相虛離，所謂節節貫串。

筆者從不以九顆珠形容，因為加上「行氣」二字，不好說清楚，只說從腳到手大關節要鬆。楊禹廷大師說「用腳呼吸」，可以稱謂「行氣」。功夫未修練到「用腳呼吸」的境界，說也不明白。

練拳和修練鬆功必須從腳下用功，從下往上練。這是千百年來代代先賢從實踐體驗中得來的經驗，又是多少位先賢拳家付出一生得來的教訓。武禹襄是武式太極拳創編人，他是太極拳道「身知」「體悟」的大家，身後留下眾多的拳訣等經典太極拳理論，大大豐富了中華民族武學文化寶庫。

武禹襄向後學者提出一個重要的太極拳的拳理，他在《十三勢行功心解》中指出，太極拳學的根本拳藝是腳，他寫道：「其根在腳，發於腿，主宰於腰，形於手指。由腳而腿而腰，總須完整一氣，前進後退，乃能得機得勢。有不得機得勢處，身便散亂，其病必於腰腿求之。」這是經典，首先明白，太極拳功夫在腳下，必須練好太極腳功夫。

2000 年秋，我到武當山腳下丹江市參加「武當拳功理功法研討會」。一位福建籍拳家對傳統太極拳執著追求，不滿足練拳 20 年的功夫，又到遼寧深山老林求藝，封閉三年功成下山，曾在會上表演太極拳。這位練家說，他在山上三年，從上往下練，到踝下不去了，「再用五年時間，通到踝和腳」，這位練家很有信心地說。

這位練家說的是真話，但他對太極功夫深研不夠。他的老師也許承上而學，尊師從上往下練，所以在踝關節卡住下不去。太極拳的根在腳下。武禹襄宗師說，「其根在腳，由腳而腿而腰」，這是拳之真理，拳之真諦。有悖拳理者，練功先施於手，其後從肩下到腳。筆者在多年的修練中，深深體會到「其根在腳」是絕對不能相悖的。早在兩千多年前，老子在《道德經》六十四章中傳道：「九層之臺，起於累土，千里之行，始於足下。」

鬆功，也稱謂為太極內功。內功從何處始練呢？腳！

# 一、腳

《太極拳論》云：「其根在腳」，我們從腳開始修練。在修練之前，請先聽聽先賢大師吳圖南、楊禹廷是如何在腳上下工夫的。

## 1.太極大師談腳的修練

### 吳圖南論足：

足在全體之最下部，爲全身之根源。足動，則全身動，足停，則全身停。故練習國術者，應注意足之所在地，然後方能定攻守之計畫。且步法敏捷，身法活潑，進退得體，攻守得當，因敵變化，以示神奇，皆在足之一舉一動。語云：「舉足輕重」，即此義也。然則練習國術者，對於足之所在地，安可不加意研究者也。茲將足之練習法，詳述如下：

**足跟**

人之身體，無論用何種步法，其足跟至少必有一個著地。倘兩足跟同時離地，身體未有不前後傾斜者。即使身體雖向後仰，倘前足跟著地有力，則身體必不能後跌，以足跟維持重心之平衡也。左右亦然。足跟之於身體，其關係之重要有如此。至其應用之法，有以足跟勾敵者，有以足跟掛敵者，有以足跟踏敵者，有以足跟蹬敵者。要之，在練習者之善用之耳。

**足掌**

足掌在足之中間，爲全身重量之所寄。且能轉移重心，在足部占一重要地位。其運用之法，有以足掌踩敵者，有以足掌攔敵者，有以足掌蹬敵者，皆在練習者善用其法而已。

**足趾**

足趾因不常用之故，遂逐漸退化。然人每至行將滑倒之際，足趾亦顯其功用，並能維持重心之平衡。至其運用之法，有勾、掛、耙、潑諸法。

按足之應用，有足掌落地、足跟翹起者。有足跟落地、足掌翹起者。有一足掌翹起、他一足全落地者。有一足起、一足落地者。故足之為用，以雙足落地為宜。倘不至有機可乘之時，萬不宜抬腿動足也。學者，須切記之！

吳圖南大師對腳的理解、認識說得清楚明白。關於腳趾左右各 13 個大小關節要一一鬆開，為吳大師對筆者之秘傳，並在這裡公布於眾。

楊禹廷大師關於腳的放鬆法，多年來多次告誡筆者：「腳平鬆落地，不可踩地，腳與大地融為一體，周身不要掛力。」

練習太極拳要求周身大小關節、肌肉凡應放鬆都應盡量放鬆。兩隻腳，不論虛腳、實腳都不能使力。有的拳術要求「足背要弓」「五趾抓地」，太極拳則要求實腳的五趾舒展，全部腳底平鋪於地面，好像與大地融為一體。

重心穩定與否，絕大部分決定於身體是否中正。如果身體偏斜，重心自然不易穩定。練太極拳時，前進、後退的動作較多，那麼，弓步與坐步應如何掌握重心呢？其簡要方法如下：

①從身體前方或從側方看，要使鼻尖、膝尖和實腳的腳尖上下對正。膝尖不能超過足大趾的趾甲根。

②從身體側方看，頭頂、重心、腳心上下垂直對正。膝過趾為跪膝，久此受傷。

③從身體後方看，後腦、尾閭、腳跟上下相對。

腳為周身的踝、膝、胯、腰、肩、肘、腕、手九大關節之根基。經典著作中稱腳為根，奠定腳在太極拳整體中的根基作用。太極拳人不可不重視腳的訓練，不可不重視腳為根之地位。故習練太極拳必須有一雙太極腳。

## 2.太極腳的修練

傳統太極拳，多則可達一百餘勢的。但是一套拳中，僅有十幾個拳，兩種鈎型，掌卻多達幾十種。幾代拳人，多在掌與掌中間下工夫，在拳與拳中間變換、漫遊。

初練拳的人，一時找不到太極拳的感覺。就是練拳多年的人，也難以找到太極拳的奇妙之處。為什麼？皆因沒練「太極腳」。

「太極腳」說拳論上早有定論。太極拳的功夫從淺到深，「由著熟而漸悟懂勁，由懂勁而階及神明」，但腳下的功夫是築基功，不能忽視。練過多年拳的人，不能與人家較技，被對方手一扶，就力不從心，四肢僵硬，腰背死板。為什麼？沒有練「太極腳」。《十三勢行功心解》中云：「其根在腳」，只練拳、練掌而不練腳，只能說練了半截拳。拳論要求「形於手指」，您一味在拳、掌上練動作，出手拙笨，難以練好太極拳。

把練太極拳的人比做一棵大樹是十分形象的。人的雙腿和兩腳的神經是紮在地下深深的根，軀體是大樹之幹，上肢是枝杈，手是樹葉。

你練拳之時，是往地下慢慢紮根的過程，功夫越大根基越深，手只是不著力的樹葉——「形於手指」，如果你跟樹葉較勁，用力去推它，你一定會撲空摔跌出去。悟到這一層淺顯而深奧的拳理後，你絕不會去傻練半截拳。拳論云：「由腳而腿而腰，總須完整一氣」「上下相隨人難進」。你在高明的拳師面前，絕對站立不穩，失去重心，因為你這半截拳，在「完整一氣」面前當然要失敗。

太極拳大師楊禹廷，早在 20 世紀 20 年代教拳時寫過一個講義，經王茂齋老師首肯，以此為教材進行教學活動。1961 年在「講義」的基礎上又進行修改出版了《太極拳動作解說》一書，供學生學習之用。開篇第一章講的就是太極拳十一種步型。為了便於學拳者更好的掌握太極拳技藝，後來又補充了幾種步型，有正步、前進步、後退步、隅步、自然步、單行步、坐步、弓步、側弓步、點步、虛丁步、一字步、歇步、八字步、外八字步、拗步、仆步、順步等十多種步型。還有單腳著地的左左分腳、提膝轉身蹬腳、打虎勢的腳、金雞獨立的提腿和向後退步落腳，以及擺蓮腳步等等「太極腳」。為了使學生按規矩練拳，將步法按照四正四隅方位設計一個準確的「八方線」，使學者有章可循。

楊禹廷大師為什麼在教學講義中把腳講得如此詳細呢？因為腳是根。在經典拳論中，對於腳的論述並不多，像「其根在腳」「上下相隨人難進」的「下」，「由腳而腿而腰」

「勁起於腳跟」「蹬之於足」等等。關於腳的經典言之不多，但就我們所舉之例是擲地千斤的金玉之言，說的都是太極拳之根本。

其實在太極拳經典拳論中，每一句都與腳有關，如果無關緊要，也不會提到其根在「腳」。還有的拳論寫到腳，像《太極刀訣》中「披身斜掛鴛鴦腳」，《太極槍法》裡有「下刺腳面」之句，足以說明根之重要。

## 3.腳下的尺寸

腳下的尺寸關係著身形的中正安舒，社會上有人練拳，腳下沒有準確的方向，也沒有按照太極拳拳理規範的位置用腳。這次練拳腳尖朝向西南，下次腳尖又向著正南，方向不清，方位不明，嚴重影響手的位置，談何中正安舒，身形不正又怎麼能做到輕靈圓活？

腳下的尺寸是十分嚴格的，坐步的實腳在中心點，尾閭坐在原足跟的位置，膝不過大趾趾甲根，鼻尖下對膝尖，是中正安舒，也就是足尖、膝尖、鼻尖的三尖相對。

「抱七星」實手的拇指遙對鼻尖，拇指遙對鼻尖便於鬆肩，肘尖向下自然下垂，虛手在臂彎處，虛腳出在實腳的一側 1／8 處。

虛腳在實腳 1／8 一側恰是 30°，隅線出步 45°，整套拳盤下來腳的步幅不變，保證了腳與頂的中軸線，這是科學的立柱式重心，即所謂的「上下一條線」，這樣腳重心位置在變化中有嚴格的尺寸要求，以保證身形的中正安舒，這是吳式 83 式拳的特點。

### 4.腳下的虛實變化

習拳的拳訣，「上下一條線，腳下陰陽變」。腳下陰陽變化是練好太極拳的重要拳法。腳下陰陽變化是看得見摸得著的動作，用心去體驗，是可以掌握的。

①虛實漸變

太極拳腳下虛實變化是漸變，而不是突變。出步或併步，也分解成若干小動作。側出腳從側到正，如「起勢」，先是大腳趾著地，過渡到二趾、中趾、四趾、小趾逐漸著地，再過渡到前腳掌、後腳跟，全腳平落在地上，這才算完成腳與腳之間的變化，也就是重心的變轉。從此練法不難看出，太極拳的腳下功夫多重要。

練功的過程，就是大樹往地下深深紮根的過程，日久天長，太極腳的功夫自然上身，捷徑是沒有的。可惜有的拳友怕麻煩，不能承師所指，循規蹈矩，久而久之，丟了太極功夫，等到明白了，再回頭去練，難！

其實，太極拳就是一陰一陽的腳下功夫，陰陽變化一通百通。道理極為簡單，「其根在腳」，是太極拳的根本。太極腳是太極拳最為樸素的學問，是學問就要認真、刻苦去練，「非用功之久，不能豁然貫通焉」。

在虛實變化過程中，是減加法，先減後加。如坐步變弓步，不是左右橫向以腰胯變重心，這種動作影響腳、踝、膝、胯從下往上關節的放鬆，難以按照拳法從腳到胯的節節貫串。實腳變虛腳，先減後加。如實腳為 10，虛腳為 0，實腳逐漸從 10 減為 0，次序是 9、8、7、6、5、4、3、2、1，虛腳為0、1、2、3、4、5、6、7、8、9，最後虛腳變實為10，實腳變虛為0。實腳變虛腳只能減，這是陰陽變化的規律，不能以腰胯橫移以實橫向送虛，這種悖於陰陽變化的動作，腳下不易出功夫。

漸變式的虛實變化，貫徹整套拳的始終。日久，太極腳的功夫，積蓄到上乘，一想即是。

②陰陽變動

拳論要求練家要注意陰陽變化，拳論云：「變轉虛實須留意。」「上下一條線，腳下陰陽變。」練拳、技擊中的陰陽變化是在腳下。也許有人提出質疑，練拳時腳下來得及進行陰陽變化嗎？技擊中雙方變化多端，恐沒有時間再去用腳變化。

這種疑問，可以理解，但在任何瞬息萬變之中，太極拳的陰陽變化仍然在腳下，不可能在任何別的部位。因為你每天練拳，早已習慣腳下陰陽變動，習慣成為自然，無須再想用腳去變化陰陽。每天習練太極拳在鬆柔、開合、虛實、陰陽中訓練自己的感覺，日久達到在任何非常狀態下腳的陰陽變化運用自如。

有的練家投師學拳，老師沒有講腳下變動陰陽的課程，很難體會這一層道理，這也不能強求用腳去變化陰陽。習練太極拳，老師不講陰陽變化，而太極拳拳理拳法講的就是陰陽變化。拳論開宗明義，「太極者，無極而生，陰陽之母，動靜之機也。」太極拳講究陰陽，沒有陰陽就不是太極拳，沒有任何探討的餘地。因為太極拳的拳理源於老莊哲學，源於易經之陰陽變化，離開陰陽就沒有了太極拳。

## 5.太極功夫在腳下

太極拳講究四法四功。四法：手、眼、身、步，四功：心、神、意、氣。四法看得見，摸得著，四功看不見摸不著，但能感覺到，四法四功相輔相成為太極拳周身功夫，綜合一體，不是孤立存在，但太極功夫的根基是四法的「步」，太極功夫在腳下，還要細說太極腳。

①雙腳平鬆落地

有的練家講究足背要弓，五趾抓地。「足背弓，五趾抓地」，有傳功人的道理，這種功法也是承師而傳。若從太極拳拳理論證，太極拳之特性，「一舉動，周身俱要輕靈」，盤拳應做到輕靈圓活。作為太極拳根基的腳，如果足背弓，趾抓地，有悖於太極拳的輕靈，也動搖「其根在腳」、腳為太極拳之根的地位。

太極拳的特性是鬆柔，要求周身九大關節和肢體上的小關節也要鬆開。修練到上乘功夫，全身要鬆柔透空，處於根基地位的腳首先要空鬆舒平。如果腳趾用力抓地，足背弓起來，腳很難以放鬆，結果是腳緊全身僵，周身滯。

吳式太極拳行功，頭腦安靜，神經不緊張，周身鬆淨，輕靈圓活，周身上下無處不虛靈，盤拳鬆、柔、圓、輕、緩，內外雙修，腳下功夫是足不弓，腳趾不抓地。腳平鬆落地，腳與大地融為一體。「融為一體」不是以力踩地，以腳蹬地，腳用力必然有反作用力，失去根基，人的肢體便失去穩固。腳平鬆落地，方可與大地融為一體，腳神經隨著時間的推移，漸漸深入地下，根基十分穩固，腳越鬆，根基穩而越顯牢固，功夫日漸增長，身體像一個鑄入地下的水泥柱，撼之不動。

在拳套路中，有用前腳掌、後腳掌、腳趾行功的拳勢，行功奧妙變化無窮，拳家不可不注意腳下的陰陽變化。

②鬆趾

腳趾有若干小關節也應一一鬆開。趾關節的放鬆牽扯到周身的鬆柔，腳趾維持全身的穩固和平衡，腳趾鬆開在技擊中是克敵制勝之關要。拳家不可忽視趾關節的放鬆，不可不研究腳趾之鬆功，不可不研究腳趾在較技、技擊中的重要作用。

操作舒鬆腳趾並不難，雙腳平鬆落地，腳趾自然舒鬆，無須刻意去放鬆十個腳趾。

③腳跟

腳跟與腳趾同樣有維持身體穩固與平衡之作用。全腳平鬆落地，腳跟亦應放鬆，不可著力，在分腳、蹬腳動作中，腳跟起穩固重心、以腳制敵之作用。還有的拳家以腳跟勾、掛、耙、潑克敵。掌握鬆腳的拳藝之後，可做試驗，兩人互試，對方推你胯，你不要顧及推你之接觸部位，兩腳平鬆，心裡不要想推你之部位，空鬆軀體、空腳，但心神意氣要安靜，將立於不敗。有腳尖上揚之動作，腳尖上揚，腳跟不掛力、虛鬆著地、以虛腿虛淨為要。

④腳掌

我們的腳由腳掌、腳後跟、腳趾組成。腳平鬆落地，腳跟、腳趾亦應同時放鬆，從足心到前腳掌尤為關鍵。如果站立腳鬆有難度，可坐可躺試驗。鬆腳的過程中周身感覺極為舒服，腳鬆得似乎沒有了，這種感覺就對了。

鬆腳必鬆腳趾、腳掌、腳跟，三者不可缺一。腳趾僵緊怎麼可能周身放鬆呢？明此淺顯道理之後，拳家對鬆全身先鬆根的追求將是首要的。拳家真正在腳下用功，一點力不掛，腳便有上浮之感，也就是我們苦苦追求的離虛，這是腳下根基放鬆之功成。如果仍然鬆不下來，可借一些鬆軟的場地去找腳鬆的感覺。到草地上站，到五星級賓館站在加厚地毯上。有人云：「站上厚毯找腳鬆，腳下離虛入仙境。」

從太極拳綜合功夫講，鬆腳就是放鬆全身。拳論多處重複「其根在腳」之拳理，能鬆腳，周身便能靈活。是不是腳鬆，而踝、膝、胯、腰、肩、肘、腕、手八大關節可自然鬆柔了？不能這樣講。《十三勢行功心解》云：「虛實宜分清楚，一處有一處虛實，處處總此一虛實，周身節節貫串，勿令絲毫間斷耳。」

天地為一大太極，人身為一小太極，人身為太極之體。太極功夫的綜合功力，似一個圓環體，不可凸凹，不可斷續。凸凹和斷續使太極圓球體有了缺陷，破壞了陰陽平衡。腳鬆其他關節不鬆就是斷續，就是缺陷，破壞自身的球體。從此理展開評述，太極拳的功夫在拳裡，站樁和單操手，都不是從拳裡出來的功夫，不是太極拳弧形線的功夫，沒有圓活之感。

**⑤太極腳下論毫厘**

什麼是太極腳？怎樣修練太極腳？太極功夫的根基是太極腳。有了太極腳觀念方可提高認識和理解太極腳理論。

太極腳是綜合功力，練拳先練腳是首先訓練的課目。是不是修練太極腳之後，太極功夫可以一通百通呢？不全是這樣。練拳、技擊，其根在腳，但腳與踝以上各大關節、軀幹，都要協調一致緊密配合。腳下鬆通，在技擊中固然占優勢，但身手妄動，也不會收到陰陽變動之效果，這也需要練家用心去體悟。

王宗岳大師在《太極拳論》中寫道：「差之毫厘，謬以千里。」

「差之毫厘」，差在什麼地方，在腳下。

早在20世紀20年代楊禹廷就察覺到，在太極拳基礎訓練中，如何防止腳下出現「病變」而影響整體拳藝的問題。於是他改革太極拳教學，創造了「八方線」教學法，以八方線培養學子正確地修練太極拳，有效地把握腳下的方向、方位，控制腳下謬誤的產生，培養了一批太極拳家和教練，解決了在太極拳訓練中腳下出偏，學生在練拳中方向性、方位性易出現偏差的問題。

⑥步

太極拳訓練講究嚴謹、規範的基本功。先賢十分注意基本功的習練，不斷總結不斷提高，將太極拳的基本功法分為四功四法。四功：心、神、意、氣；四法：手、眼、身、步。步是腳，大師們十分關注步的基本功。

「其根在腳，由腳而腿而腰。」腳是根本，腳是基礎，腳是築基功。腳下功夫是以套路的步法而顯示的。凡初涉拳場者，開蒙第一課，老師講的是腳的步法。楊禹廷的83式太極拳，在初始學拳時，老師第一課講解太極拳的步。

練太極拳，軀體、四肢都要符合拳理、拳法的規範，應該具備太極體、太極手和太極腳。如何修練腳呢？太極拳的功理、功法是鬆，修練的終極是使身體上下四肢外示安舒，楊禹廷大師稱為淨，極淨。太極拳是內外兼修，心神意氣，五臟六腑要靜，安靜，極為安靜。功理、功法的靜和淨，是《授秘歌》所云：「無形無象，全體透空」，是太極拳人修練到鬆、空、無的最高境界。

太極拳修練，是從腳起始鬆，往上達於手的空鬆，進而上達於頂。「上下一條線，腳下陰陽變，頭上虛靈頂，兩手空虛轉。」這是先賢提到的由腳而腿而腰，是從下往上鬆的理念的具體操作。

腳下太極拳功夫是從套路的各種步型反覆演練日積月累而成。什麼是功夫？功夫是反覆習練拳套路，一分一秒的積累，絕不是一朝一夕而可得。功夫是時間，用功時間長，功夫則深。太極功夫上身又不同於別的兄弟拳種，強調時間的同時，又特別重視拳理、拳法的規範。蠻練不可取，苦練不循規範也是盲練。拳法正確，封閉訓練三年可成，業餘六年左右也可以得到太極拳功夫。

太極拳名家楊禹廷是一位明師。他給學生上第一課，講腳下的步法。他將 83 式拳按陰陽分解為 326 動，其中 163 個陰動，163 個陽動，拳套路按陰陽分動後，腳下的基礎功自然顯現出來。

首先他要求學練者兩腳鬆平落地，不允許用力踩地。他的功法是立柱式身形，以防止腳下雙重。腳下雙重，是代代宗師所反對的。王宗岳在《太極拳論》中強調指出：「雙重則滯。每見數年純功不能運化者，率皆自為人制，雙重之病未悟耳。」楊禹廷大師的腳下功夫，是立柱式單腿重心。在行功練拳時，一個腳為實腳，一個腳為虛腳，實腳實足，虛腳要虛淨。所謂實腳實足，是周身的重量以一隻腳支撐，支撐腳（腿）為實腳，非支撐腳為虛腳，要求實腳實足，虛腳虛淨，足尖上揚，足後跟虛著地而不允許掛力，以達到兩腳實虛分明。開始習練很不習慣，日久功夫深了，腳下便自然虛靈，身體重量似乎沒有了，太極腳功自然顯現。

左右腳哪隻腳是實腳，哪隻腳又是虛腳呢？在練拳操作中，以陰陽分動虛實明顯，習練中自然能把握。關於左右腿立柱式身形單腿重心，楊澄甫認為：「太極拳術，以分虛實為第一要義，如全身皆坐在右腿，則右腿為實，左腿為虛；全身坐在左腿，則左腿為實，右腿為虛。虛實能分，而後轉動輕靈，毫不費力；如不能分，則邁步重滯，自立不穩，而易為人所牽動。」

虛實陰陽腳最為重要的功法，以左腳為例，陰腳行動時意念以大趾、二趾、中趾、無名趾、小趾外延到後腳跟，左虛腳變轉為左實腳，意念以左後腳跟部從腳底往前舒展。這是腳下陰陽變轉的最佳拳法，是楊禹廷大師一生經驗的總結。

⑦再說步

武禹襄大師在《十三勢行功心解》中「其根在腳」之闡述，說明腳的修練在太極拳整體技藝中，分量很重很重。腳法又很簡單，人類走路的走法，便是太極拳的步法。

人類出生一年前後便可以蹣跚而行，雖然走起路來晃晃悠悠，但是小孩的走路方法與成年人一樣，以先減後加的方法完成左右腳互換重心的變轉。走路時，右腳實，左腳完全鬆淨以後邁出去，鬆淨的左腳實實在在落地以後，再鬆右實腳，但不是突然鬆，而是逐漸鬆實腳。前左腳也漸漸由虛腳變成實腳，右腳完全轉變為鬆淨。此時左右兩腳完成了重心的變轉，右虛腳邁步向前再一次去完成左實右虛，變轉為左虛右實的重心變化。

有的習武者只知悶頭練拳，卻從不去研究拳式結構，上動和下動的關係如何，上下動銜接的拳式結構和一個單動的結構有哪些相同和異同之處。太極拳的拳式結構是由陰動和陽動組成，陰動的起點是陽動的止點，陽動的起點是陰動的止點，互相依存，相互轉化，「陰不離陽、陽不離陰，陰陽相濟」。研究人走路的左右腳互換重心的結構，發現人類走路和拳的步法是一致的。

太極拳腳下虛實變化是漸變，絕對不是突變。出步或併步，也分解成若干小動作。側出腳從側到正，如起勢，先是大腳趾著地，過渡到二趾、中趾、四趾、小趾逐漸著地，再過渡到前腳掌、後腳跟，全腳平落在地上，這才算完成腳與腳之間的變化，也就是重心的變轉。

腳的虛實變化過程是減加法，先減後加。如坐步變弓步，不是左右橫向以腰胯變重心，這種動作影響腳、踝、膝、胯，從下往上關節的放鬆，難以按照拳法從腳到胯的節節貫串。實腳變虛腳，先減後加。不能以腰胯橫移以實橫向送虛，這種悖於陰陽變化的動作，腳下不易出功夫。

腳的步法，上下相隨，虛實變化自如。腳的虛實變化，沒有顯現的形態似乎不被人注意，再看看自己走路，是多麼的一致。有人走路很自然，走的很美，很漂亮，很瀟灑。但練拳時沒有自然的步法了，邁出左腳便弓步，虛實重心的變化不是漸變而是突變，步幅開得大，看上去不和諧，不靈活，也缺少藝術審美。細究其因，忘記了老子說的「道法自然」，有悖自然規律，再努力也是盲練。

凡在技藝領域裡，一切活動都應在自然的狀態下行功，太極拳更是如此。太極拳運動所有拳勢動作都是被動行功，如果刻意在練拳，這個拳沒啥好看，像描紅模子刻板化。太極拳的腳是很重要的功法，「舉動輕靈」。

吳式太極拳的步法是很輕靈的，實腳鬆到頂，虛腳自然上步或退步，循套路路線行功，自然和諧上下相隨，十分好看，完全沒有人為的前進後退，看不到刻板動作。太極拳行功有個要求，胯以上、肩以下的軀幹部位空鬆，似一個空杯，或是個燈籠。陳式太極拳大師陳長興素有「牌位先生」之雅號，如果他行拳推手前仰後合主動、妄動，也不會得此尊稱。

太極拳行拳，是陰陽變化中的動態運行藝術，拳的陰陽變轉都在腳下，無須軀體協助，所以要求步法舉動輕靈。如果步幅過大，下一勢前或退，必須要先挪移軀體，此時大腿和身體要加力才可以變換重心，日久，肢體不能退去本力，關節定然僵緊。如此長期操作習練，難以達到上下相隨的境界，周身也不易取得完整一氣的功夫。

一肩寬的自然步和一公尺寬的大步是兩種不同結構的步法，前者自然靈活，變轉重心時，先減後加，符合太極拳漸變的拳理，而大步幅重心變轉是先加後減，向前弓步突變重心，身軀四肢同時動作加力，不自然，有悖拳理，照此下去關節僵緊，不利修練和養生。

「其根在腳」是一條修練太極拳的捷徑，會走路就應該會練拳。因為腳下重心均為自然變轉。開大步幅，弓膝過腳尖，陳照奎先生稱為「跪膝」，日久也會受傷，實不可取。

## 二、踝

腳與踝相接，也叫踝子骨、腳腕子。鬆腳不鬆踝管道不通，影響周身放鬆，不能鬆貫到頂，不能節節貫串鬆到手指。鬆腳的同時，踝不著力，有熱脹感，踝得到放鬆，腳為根基，平鬆向上，踝部鬆，節節貫串，周身鬆通。

如果踝關節僵硬不鬆，堵塞上行通道，影響周身放鬆。我們常見周圍朋友走路不小心跌跤，主要原因是沒有鬆踝致使崴腳。踝關節鬆則周身鬆的重要作用，拳家不得不察，不得不重視踝關節的放鬆訓練。在腳平鬆落地後，意領擴踝即可放鬆。

踝是腳與膝中間的一個十分重要的關節，居上下聯通的重要部位。

全身放鬆，踝的位置僅次於腳。腳下「雙輕」，沒有腳踝的放鬆，腳很難「雙輕」。放鬆踝關節，盤拳飄飄欲仙，體驗到十足的太極拳的「味道」。在太極拳圈子裡，有人不明放鬆踝關節是鬆空周身之關要，往往忽視腳踝的鬆功訓練。太極是陰陽相濟，人體內外，某一塊小的肌膚都蘊涵著陰陽，踝關節也不例外。盤拳、推手、技擊活動在肩、肘、手的動作，是腳下陰陽變化的反映，踝關節起到十分重要的媒介作用。

要想在太極功夫上試個深淺，必須修一雙太極腳，腳是根，也要修兩個太極踝。

放鬆踝關節如何操作呢？若真心誠意去追求兩踝放鬆，並不難。首先從拳理上認識和理解，放鬆腳踝是太極鬆功的必修課，踝關節必須放鬆，一定先要有這種認識。此理明白之後，你在練拳時，兩隻腳要輕輕落地，注意不可踩地，兩踝千萬不可用力。如果你如此操作，你會感到兩踝有一種熱脹感，你有此感覺，就已經操作準確無誤了。

「太極功夫在拳外」，意思是練拳的時間有限，大多時間是生活、工作或在路上行走。每天靠一兩個小時練功很難在內功上有大的突破，平時在生活中要隨時注意內功的修練。著名吳式太極拳家李經梧的技擊功夫極高，他在學拳的朦朧狀態時，回家探母，和母親在磨房說話。牛推磨時，聽人說話，它便停下來休息，磨不轉了。李母令經梧打牛，經梧便拿起草料杈子，一隻手扶在磨盤邊上，牛見要挨打，突然用力拉磨前走，李經梧因手按扶磨盤邊上，身體被磨盤的轉動帶著全身失勢，踉蹌跌出。這一跌，使他悟出拳論的太極中的奧秘，以後在推手、技擊中自然化解對方來力，從而使發放隨心所欲。其實在生活中有很多人生哲理合太極之理，如果注意觀察，拳外的功夫唾手可得。

平時行動坐臥走，都要注意放鬆兩踝。初始管住自己的兩踝在任何時候也不要掛力，養成踝不用力的習慣，進而把握練拳時踝不掛力。在雙方對練推手時踝不掛力，距離放鬆雙踝的目標就不會太遠了。

放鬆腳踝是推手、技擊的必修之內功。左右雙踝放鬆後，兩腳也會自然放鬆，雙踝放鬆，對方的來力很難進來，立於不敗。

## 三、膝

膝是太極拳家特別關注的重要關節。膝之作用在拳術中應用也十分重要，它是大腿與小腿之間承上啟下、陰陽變動之樞紐。

膝在拳套路裡勢勢負重，各種步法缺膝難成。像坐步、弓步、馬步、歇步等等，還有的拳勢扭動雙膝，長此下去膝關節不堪重負要出毛病。吳式太極拳對膝的訓練要求弓步和坐步膝屈不過足大趾的大敦穴（趾甲根部），臀部尾閭「坐」在後腳跟。這個姿勢很難做，要收腹股溝，形成腳、腹股溝、頂三點成一線。另一說是腳尖、膝尖、鼻尖成一線，兩者不矛盾，正側兩條線功法相同。膝有上提之意，又不是刻意去提，以鬆腳自然提為準則，如此行功，膝不負重。有的拳家，弓、坐步時，膝部前凸一拳或半拳，靠膝支撐身體，截斷了腳鬆鬆全身的通路，久之，周身難以放鬆，日久造成膝關節的病痛。

陳式太極拳大師陳照奎先生有「太極五十病」心得公布於眾，以防後學者受傷，其中指出「雙重」「跪膝」為病。所謂跪膝，為膝前傾過足尖，全身重量由膝支撐，日久傷膝。

膝之操作，「三尖相對」為太極拳規定之膝法，膝不負全身之重，比較輕鬆，別無他法。腳部放鬆準確，踝自然鬆弛脹熱，膝自然上提，無須人為支配。

現將吳圖南大師有關膝的論述，摘錄如下：

膝之爲用，在能使足穩步健，調劑前仆後跌。蓋因膝爲大股與小腿之中間樞紐，且能運腿部之力，達於足掌。使全體重心鞏固，地盆不搖也。其練習之法，膝向前屈，不可過足尖前，以防重心前傾。膝之後面，名爲腿凹。做蹬弓步，腿凹務須繃直，以舒其力。至於兩膝雙蹲，氣勢必須收縮，以免顛倒之弊，且易進擊敵人。膝之用法，與肘略同，有上提、下跪、左拐、右拐、前沖諸法，然非精於國術者，不易行之也。嘗觀鶴能獨立，用力於膝，日終不倦。國術中，亦有模仿者。尚非別有心得，不能運用之也。

## 四、胯

胯在太極拳整體綜合功夫中十分重要，請聽太極拳大師吳圖南教授30年代之論述：

胯爲運用腰力，直達於腿之主要機關。故上承於腰，下連於腿，關係之在，不問可知。其練習之法，以端正爲宜。或一腿前伸，一腿下坐（爲樁步）。或一腿側出，一腿下蹲（爲半步叉）。或兩腿左右分開，身體下踞（爲坐馬步）。則力能下達，氣自下沉。故腰靈腿活全繫乎此。學者，可不加之意乎？至其運用之法，有胯打、胯崩等法。

鬆胯是拳家之常識，凡練拳人都注意鬆胯，也互相提醒鬆胯。胯不鬆，兩人較技，搭手便輸，這是最好的檢驗。

拳家不可不研究鬆胯之功法，往下鬆比較困難，找不到放鬆點。人體結構，大腿骨的股骨頂端股骨頭有突出的部位，即髖臼穴部位，俗稱「胯尖」。兩邊胯尖意往兩側突出，然後意往下鬆，襠開一線。這個動作看不到外形，是在意念支配下運動。鬆胯動作完成後，由別人輕扶聽勁，有扶空之感，用力推，推之不動，似鑄入地下之水泥柱樁。但是，鬆胯要與提膝、擴踝、鬆腳貫串一起放鬆才有效果，孤立去鬆胯效果不佳。

切忌技擊時閃腰挪胯，隨意扭動雙胯，左右旋轉似靈活，不能放鬆雙胯，扭動也是僵滯，易受人制。

太極拳功夫不是表現在某一個部位，也不是顯露在外，而是整體的綜合內功。是周身整體從裡及表，從內到外，「全體透空」的修練。有拳友用腰練腰，用胯練胯，平搖胯圈，雙「∞」字胯圈，斜胯圈柔胯圈，練來練去胯仍然鬆不下來。如果雙胯鬆不下來，練拳時，整體形象不佳，推手易受人制，技擊難以取勝。

鬆胯如何操作呢？單練胯不可取，效果也不佳。太極拳是整體綜合功夫，還是應該循太極拳的規律練拳行功，整體綜合功力提高了，鬆胯關節便自然貫通。

## 五、腰

先賢對腰的訓練向來重視，在經典著作中對腰的論述，給我們提供了依據，了解腰在太極拳中的地位和作用。太極拳最為重要的動靜開合，也是腰在操作。

關於腰，先賢的經典論述有：

「腰為纛，腰為軸。主宰於腰。」

「活似車輪。」

「命意源頭在腰隙。」

「刻刻留心在腰間。」

腰為太極拳體用結合之主宰，是體內「九曲珠」中間那顆大珠子，位居中央，是體之中樞，承上啟下溝通上身與下肢聯繫的樞紐。拳家無不奉為主宰，刻意修練。

腰是拳之主宰，也是人類日常生活勞動、動坐臥走之主宰。板腰缺少靈活性，遇意外之事往往受制。練武之人特別重視腰部的訓練，是有道理的。

聽一聽吳圖南大師對練腰之教誨：

腰爲國術中之主宰，誠所謂中樞關鍵也。故手足之動作，皆利賴之。他如進退伶俐，攻守得機，變化神速，虛實兼到，均不失其輕巧敏捷之態度。夫如是，必恃腰部鍛鍊之功如何爲轉移。於是腰部之練習，實在全身爲最重。而其鍛鍊之法，有以腰部前突，臀向後翻爲佳者。外家有謂腰宜後屈，尾閭下垂，爲上者。前者外家主之。後者內家宗之。著者以爲，練習身體，應本乎天然優美之發育，順先天自然之能力。故於練習蹲坐等勢，宜使腰部不前不後，位居中央，隨臀而下，左右不倚，斯無前俯、後仰、左右歪斜之弊，似較爲宜耳。至其運用之法，則有沖、撞、靠、崩諸法而已。

如何進行腰部的訓練是拳家練好太極拳之至要。拳論中談論腰的論述是經典要言，絕無差異，我們練不好是我們理解有誤。在行功練拳時，一味在腰上用功，舉手提足以腰坐之帶之，初始練拳用腰不算大錯，但易走彎路。最佳練法為在明師的指導下，練習空腰，否則拳難以練好，周身也很難鬆下來。進行雙人對練推手時，聰明的拳家都知道「搶中」「藏中」。所謂「搶中」，就是雙方接手，聰明的拳家搶站對方中央部位，「吃」住對方，給對方以威脅。所謂「藏中」，是兩人較技時將自己中央部位的腰藏起來，或者移到離開對方進攻腰部的勁頭。如果此時你還教條地搬用「主宰於腰」，等於送給對手一個實實在在的身體軀幹，也實實在在被打翻在地。由此可知拳家不應該有腰。

準確地說，空腰就是沒有腰。拳論說「腰隙」「腰間」，腰隙前加上十分重要的形容語「命意源頭」，讓後來練家「刻意留心」。留心什麼「腰間」？隙者空也，間者沒有也。空間、時間、房間，都是空的，練家不可不察，拳家不可不悟。空腰是命意源頭，源頭乃是發源地。高明的拳家不應該有腰，你也永遠摸不到他的腰。拳家的腰是「隙」是「間」，是「空」是「無」。

按照太極陰陽學說，拳家行拳只有五個點，即頂、雙手和雙腳。軀幹呢，按照拳理拳法要求，沒有軀幹，準確地形容，肩以下膝以上，胸腹部位空，拳者感覺沒有軀幹。有拳家形容，胸腹是提著的燈籠，對方觸摸也摸不著東西。

拳友接受空腰的理論以後，要解決如何將腰練空的拳法拳藝。首先練拳時不想腰，不要腰。在遇有上下、左右、轉身的動作時，不要以腰帶手腳，不要以坐腰轉身，而是以鬆腳鬆腰解之。轉身時不轉腰，轉不過去，請不要轉，以鬆腳轉身，轉不過去不轉，在重心上找問題。拳論有一句要言「有不得機得勢處，其病必於腰腿求之」。怎麼求，鬆腰鬆腿，除此沒有什麼任何良方。如要敲開鬆柔功夫太極之門，不去鬆腰鬆腿，難以進入太極之門。

在鬆腰訓練中，鬆不是孤立的練習，需要有別的部位協助，相輔相成。你練鬆腰，先去溜臀，溜臀中找感覺。不溜臀難以鬆腰，溜臀的同時，脊椎節節上鬆，給腰部留下空間，會出現「命意源頭在腰隙」的狀態。鬆腰亦分為陰陽，用手輕扶「聽勁」。陰鬆，腰部呈細長空心管狀，是沒頭的深洞，而陽鬆，深洞擴大超過腰圍。此時習練者周身上下內外有「由腳而腿而腰，總須完整一氣」的感覺。

半個世紀以來，尋找鬆腰的拳法，困惑和苦惱著太極拳人。腰鬆不開，等於練拳沒有「纛」，沒有「軸」，主宰沒有了，車輪也無法靈活，「腰隙」「腰間」也無從談起。腰鬆不開，在深研太極拳的道路上遇到極大障礙。

腰鬆不開，腳難以放鬆，膝胯僵緊，腰是承上啟下的關鍵大關節，鬆不開是一塊板，堵塞上下通道，上肢的肩、肘、腕、手四大關節本力退不掉，周身掛力操作，絲毫沒有太極拳的陰陽變轉，舉動輕靈，不用勁力，動分虛實，動靜開合，上下相隨，內外三合等太極拳絕妙拳藝，所以，腰是重要之大關節，要刻苦習練，細心體驗，也要在鬆腰的拳藝上有所突破。

循太極拳規律練拳，是放鬆腰的上乘拳法。

## 六、肩

放鬆肩是所有太極拳人夢寐以求的功法。鬆肩難求。請看吳圖南大師對肩的論述：

肩之運用，必須始終維持其平衡。故無論任何姿態，均以鬆肩爲主。肩鬆則兩臂之動作敏捷，舉止自然。不可徒尚拙力，致使兩肩高聳，動作生硬，甚有一肩高起，一肩低下者，既礙觀瞻，且不合生理之自然配備。學者，練習肩部時，宜愼之，戒之！至其應用之法，有肩靠、肩擠、肩撞等法。

在太極拳套路中，沒有肩的單獨拳勢，在技擊訓練中，有肩靠一技，外三合之肩與胯合。拳論中談肩之論難以尋覓，但不能說不重要。

在太極拳套路中，無肩難以成為拳，每勢每動也離不開肩，肩之重要顯現在拳的套路之中。拳家在盤拳實踐中深深體會到，肩寒全身僵，肩緊全身滯。肩也是呼吸的總「氣門」，寒肩氣上浮。

外家拳訓練肩的技擊運用，拳法有靠、壓、倒、纏、聳以及七寸靠、八面肩。太極八法中有靠，但太極拳法裡多提倡鬆肩。筆者認為鬆肩為最佳練習法。有拳師提倡「沉肩」，但有意沉肩則失去自然，練拳以自然為佳，道法自然。意大而僵，有動意而緊，僵緊不是太極拳，太極拳講究輕靈，舉動輕靈。總是想著沉肩，很難輕靈。

訓練鬆肩不是短時間可奏效的，要天天注意鬆肩，盤拳勢勢鬆肩，在陰陽變轉鬆腰的同時也應鬆肩，一招一勢肩不著力。在預備式時，雙肩從夾脊左右意鬆至肩，然後雙肩下鬆。經常注意動則鬆肩，可以達到鬆肩之目的。習練太極拳套路時，什麼意念也不放入，只是練鬆肩，動動鬆肩，勢勢鬆肩，一套拳練下來肩很鬆柔，周身舒服。

有一個問題，在太極拳綜合鬆功修練中，肩是最後放鬆的一個大關節。太極拳是綜合內功，每一個關節器官都不可能單獨行動，肩更是如此。

而鬆肩經常「欺騙」練功的人，常誤以為肩是最容易練、最容易鬆下來的關節。公園裡常見到二人推手較技，二人你來我往，屈伸較量肩最為靈活。為了推發對方，或防守對方來攻，便抬肩、寒肩、晃肩、轉肩、閃肩、滑肩、躲肩……看上去肩很靈活，自我感覺很好，化過進攻，躲過一劫，似乎是鬆肩的功夫。其實質，不是肩鬆下來，而是肩更有力，有的只是靈活。

有一位青年太極拳練家，登門來訪。說每天練習「平搖」，即兩手手心向下，左右搖來搖去。他介紹他的肩很鬆，當地很多練太極拳的，推手都推不過他。我說：「你那肩是假鬆，只是靈活。」他不解。我請他將雙臂後擺大約半尺，我左右手以指扶他的前臂，請他將臂自然下垂到原來部位，他用了幾次力都沒垂下來。最終承認自己的肩沒有真的鬆下來。應他的請求，我將雙臂後伸有一尺多，他以雙手勁推我的上臂，我問：「我能起來嗎？」他說：「你起不來！」筆者雙臂垂下，他後退一步。

那青年不知太極拳是綜合內功，不知肩的動作與周身各個關節和器官的配合協調關係，筆者鬆腳、鬆肩、垂肘、展指、舒腕後，從腳下產生一股難以阻擋的威力，但又不是用力將他打出去，完全是用意。

在太極拳鬆功修練中，肩是最難放鬆的關節。因為人們日常生活用力的地方太多，每次用力，無不與肩有關。天長日久，蘊藏在肩上的力量最多且最有力，像擔、扛之類的重擔也壓在肩上。拳理拳法要求舉動輕靈，輕靈和有力是一對不可調和的矛盾。拳道要求修練者，以輕靈退去肩之本力。練拳者應該明白，退去肩之本力是一項巨大工程，欲退去肩之本力，最佳的修練法是練拳。

楊式太極拳家楊振基先生說的比較肯切，「功夫是拳上練出來的」。吳式太極拳楊禹廷老宗師說得更為深切，他說，「太極拳就是兩個勢子，一陰一陽，一通百通」。鬆肩退去肩的本力，最佳的選擇是練拳。循太極拳規律練拳，不能有任何的隨意性，否則一事無成。

那麼，如何檢驗是否放鬆雙肩呢？檢驗他人，請以兩手抓住對方一隻胳臂，往上托舉對方的肩。對方的肩上去了，對方隨你的端力往後仰，證明肩未放鬆。相反，用力端不起來對方的臂，此時，你的腳很穩地站在地上，也證明對方的肩不鬆，是以本力在支撐著。如果端臂者端不動對方的臂，有上浮感，腳下飄浮不穩者，證明對方的鬆功有一定修養，可以說達到內功大成。

請對方檢驗自己雙肩是否鬆，也採取這種方法和標準。

# 七、肘

太極拳沒有單挑出來講肘，但肘在套路中無所不在。肘在肩、腕中間，肘滯上肢僵，在技擊上吃虧，練拳肘僵也難以將拳練通、走順。

太極拳要求鬆肩、垂肘，肘自然下垂，不可著力。在拳的套路「彎弓射虎」勢中掩肘有出拳之用；除此在套路和技擊中，垂肘，肘不著力就是。外家拳用肘之技法頗多，像靠身肘、撐肘、盤肘、七十二肘等多種肘法。太極拳修練中以垂肘為佳，練拳垂肘日久，肘自然下垂，有「一肘鬆到腳，巨力難進身」之說。如「十字掌」「金雞獨立」等勢，手高舉過頭，肘形上提，但仍有下垂之意，不可著力。

我們先聽聽太極拳大師吳圖南對肘的論述：

肘之地位，在肩與腕之間。承上達下，關係至鉅。鍛鍊此處，如不得法，則意氣不能運之於手，動作焉能活潑自如。故任何姿勢，應以垂肘爲上。使腰背之力，由肩達肘，由肘而運之於手。至其應用之時，以距離最近爲宜，貴乎神速，切忌遲緩，蓋恐被敵撥挑也。所用步法，以半步爲妙，以免肘部高舉，腋下爲敵所乘。至其應用之法，有蓋肘、獻肘、仰肘、拐肘等法。

肘在九大關節中地位重要，在習練太極拳的過程中，肘以自然下垂為規範拳法，以意墜肘明顯意大，沒有自然垂肘顯得輕靈鬆沉。在行拳時，肘並不單獨行動，多以「鬆肩垂肘」相配合，在「外三合」功法中，肘與膝合，對「上下相隨」拳法，起到十分重要之作用。

吳式太極拳對肘沒有特別的要求，以楊禹廷為代表的吳式太極拳，以樸素的習練方法，只提出「鬆肩」「垂肘」。上海吳英華、馬岳梁為代表的吳式太極拳，提倡「沉肩墜肘」，沉肩也是練太極拳的特點。「沉肩與含胸拔背相關聯。肩不沉，則胸廓以上皆受束縛。墜肘也重要，肘不墜則作泄滯，力不能長，兩肘失去保護」。吳、馬兩位大師在書中介紹的「沉肩墜肘」未能當面受教不能理解其意，仍以自然鬆肩、自然垂肘習練。

## 八、腕

在談腕部鬆功之前先聽吳圖南大師的論述：

運用氣力，如何始能隨心所欲，達於敵人之身？必須視腕之能否靈活而定。蓋肩不鬆，則力不能到肘；肘不垂，則力不能達之於腕；腕不活，則力不能達於手指。況望其力能達於敵人之身者乎？故腕之靈活，實爲練習國術者必須之條件。至其應用之法，有提腕、按腕、仰腕、垂腕、擠腕等法。

吳大師提到的「力」，筆者認為絕對不是本力、拙力、常人之力。大師說的力大概是指圈內人說的「太極勁」。為了敘述大眾化，他以力解說。

人之手腕，以多塊小骨骼組成，所以能轉運自如。太極拳的腕骨均應鬆開，腕應靈活，還要虛鬆，不能著力。如與人掰腕亦不可用力，以鬆腕取勝，腕有力全身受制。

腕不能孤立鬆柔，要配合鬆肩、垂肘，展指鬆腕，指不展腕不好鬆，垂肘、展指、鬆腕，先展指，手鬆開，腕自然舒鬆。

腕在周身九大關節中不是占主導地位的關節，上有肘、肩，前有手掌和掌指的 14 個小關節，前後受到保護。推手、技擊受到手和肘的牽制，難以獨立活動。但是，鬆腕在周身的鬆功中占據十分重要的位置。腕部僵緊，肘、肩受制，手也難以空鬆。手腕和腳踝在太極整體綜合內功的修練，是十分重要的上下兩個關節。腕部的空鬆和僵緊，影響手的空鬆，腳踝僵難以使腳部放鬆，即使雙腳放鬆下來，踝部僵緊擋道，難以達到「由腳而腿而腰」的完整一氣，不使節節貫串，周身放鬆受制。踝間僵緊，難以體現太極拳「其根在腳」的拳理拳法。腕僵踝緊將太極拳人置於死地，與人較技受制於人。

如何放鬆手腕呢？任何鬆腕單操手的效果都不能與練拳相比，練拳時欲鬆腕先展指，「展指舒腕」，食指不掛力，對鬆腕起到上乘效果，不妨多試。試中調整思維，試中調整鬆腕動作。盤拳時，凡有腕的動作，一定要躲開，以避免腕部出力，有按的動作；腕及掌根要鬆力，由無名指引領向前、向上舒展，千萬不可向下、直下壓按。如此操作成為習慣難退去本力。

推手、技擊退去踝、腕本力，你有一雙鬆柔的踝，你有一對鬆空的腕，將立於不敗之地。

## 九、手

說到太極拳人的手，要說的話很多，在談手之前，先聽聽太極拳大師吳圖南關於手的論述：

練手之法，爲國術中之主要部分。雖有長手短手之別，而長手貴乎力足；短手妙在自顧。平素練習，非長手不能運意氣達於指掌。應用之時，非短手不足以保身軀。故長短互用，剛柔相濟，方爲美善。惟手有五指，指有三節（拇指二節）。併指爲掌，屈指成拳。掌之根處爲腕，其運用也，各得其便，不可偏廢。因分述之如下：

**指**

練習之法，因用指之多寡，而名稱各異。茲分述之於後：

金剛指：

金剛指者，拇指，中指，無名指，小指，均屈握。而獨伸食指之謂也。

金剪指：

金剪指者，拇指，無名指，小指均屈握。而獨伸食指與中指之謂也。又名劍訣指。

三陰指：

三陰指者，握拇指與小指，而伸中三指之謂也。又稱鼎指。取其鼎足而三焉之意也。

金鏟指：

金鏟指者，得握拇指，其餘四指一齊伸出之謂也。

指之用法，不外插、點二途。苟非氣力精至，不易使用。鍛鍊之法，宜屈宜伸。務使氣力達於指端，乃能得運用之妙，不可強直，而徒尚拙力也。至於運用得法之後，對於其他藝術，皆可有輔助也。

**掌**

掌之練習，雖同係伸指爲掌。然有五指互靠者，有五指分開者，則因門類之不同，形成亦因之而異。茲分述之如下：

**柳葉掌：**

柳葉掌者，五指緊排，形似柳葉之謂也。

**鷹爪掌：**

鷹爪掌者，四指勾屈，狀如鷹爪之謂也。

**虎爪掌：**

虎爪掌者，五指勾屈，狀如虎爪謂之也。又名金豹掌。

**北掌與南掌：**

北掌者，四指緊排，大指屈貼掌緣之謂也。南掌者，側多五指分開者也。

**雙推掌：**

雙推掌者，兩掌一前一後，同時運用，力由脊發，氣貫掌心之謂也。

按掌之應用，約有五端：（甲）上掛，（乙）下劈，（丙）左揮，（丁）右揮，（戊）中按等數法而已。

**拳**

拳者，屈指握固，團聚氣力，用以擊敵者也。當握拳之時，宜以各指之尖端，齊向內捲，集中於手掌之中間。其大指，則向下俯。務使其指尖，適觸於中指之第二節，方爲合宜。以便應用之時，擊之不開，分之不散。至於其他握拳之方法，亦有數種。因其運用之不同，而形式亦有特殊之現象。茲分述之如下：

掐拳：

掐拳者，以大指先掐食指第三節之橫紋，然後其餘四指，由外向內，捲緊作拳之謂也。

釘拳：

釘拳者，五指平握，將中指之第二節凸出之謂也。

豹拳：

豹拳者，各指之第三節伸直，僅勾屈五指之上二節之謂也。

拳之爲用，少林有龍、虎、豹、蛇、鶴五拳。太極有搬攔、撇身、指襠、肘底、栽捶五拳。形意有劈、崩、攢、炮、橫五拳。其他拳法，莫不皆然。名目雖殊，而終不離四正、四隅、中宮之九法。至其運用氣力，而發出於體外，則殊途同歸也。

先賢大師對手的修練，在經典拳論中時有披露。象「形於手指」「妙手空空」「布於兩臂施於手指」「運之於掌、通之於指」等等。清人陳鑫大師對手之訓練有專論，他在《擖手十六目》中的較、接、沉、黏、因、依、連、隨、引、進、落、空、得、打、疾、斷十六個字的用法一一論述，可惜十六種手法未被推廣。他的另一著名病手論述中，有「三十六病手」面世。

# 第六節　太極手

傳統太極拳多為七八十個拳勢，甚至一百多勢。太極拳名曰拳，其實拳勢極少，掌勢頗多，稱拳只是名稱術語。以楊禹廷 83 式太極拳為例，只有十一勢拳，勾型也不多，而掌型多有幾十勢。不言而喻，練家都明白，手在太極拳的體用中是十分重要的。故提倡太極手的修練，會受到練家的重視。

在經典著作中，先賢並沒有以手為論，而是以較多的語言論述太極手。拳論經典中關於手的論述，有「妙手空空」「形於手指」「曲中求直，蓄而後發，方能隨手奏效」等等。但像「形於手指」和「妙手空空」，確是太極拳練家修練的精要。

從以上手之論述，不難看出先賢對手之關注。還特別提出，手上「頂、偏、丟、抗」四大病，以防止練家走彎路，過不了關。事實如此，有練拳十年二十載的朋友，在與人試手較力時，很難運用鬆柔功夫在陰陽變化之中，結果身手僵滯，難以操勝券。因為出手拙力，說到底，手上訓練不符合太極陰陽學說，病手連出。

## 一、太極拳對手之要求

太極拳屬於武術，但對手的要求不同。武術各類拳種，手上要有威力，立掌開石，穿通木板，對手的運用變化多端，分為拳、掌、勾、爪、指五類，五類手法中，演變出百餘種用法。太極拳手法有四：掌、拳、勾、指。

太極拳的手法與外家拳的手法截然不同。外家拳的掌拳伸出去剛猛有力，而太極拳要求手指掌舒鬆，關節鬆開，且節節貫串。太極拳經典著作對手有超出一般的要求：「能從人，手上便有分寸。」「運之於掌，通之於指」。

太極拳修練到上乘功夫就是空手。太極拳的手型變化，只有掌、拳、鈎三種，這三種手型之共同點都不著力，是空掌、空拳、空鬆之鈎。

## 二、掌

太極拳，名為拳，但以83式拳為例，一套拳只有十一勢用拳，實多用掌。技擊較技，也很少用拳，多用掌。行拳、技擊體用，要求掌型多種變化。基本掌型有立掌、平掌、俯掌。立掌，五指微分或中指、無名指微併（取中指手厥陰心包經、無名指手少陽三焦經，陰陽平衡之意），虎口向上圓張，也可以說虎口撐圓但不要用力；平掌，五指微分開，掌指舒展但不可強直，掌心向上；俯掌，掌心向下，舒展但不著力。

在運用掌的過程中，習練者不要忘記，太極拳是在陰陽變化中的鬆柔動態運行藝術。手不可強直，也不可鬆散，伸出去要適中，好看，要有一點藝術性，也要有一點觀賞性，雖然不像梅蘭芳的手，但也不是拙力手。

掌是由手指和手掌組成，進行掌的訓練也不能忽視手指的訓練。太極拳的手用途廣大，行功練拳不是大把抓，每個指有每個指的用途，分工明確，互不干擾，現將五個手指的用途敘述如下：

**拇指：**

調氣。在左右「抱七星」勢中，拇指對鼻尖，氣順而重心穩固。

拇指另一個功能，也是十分重要的功能，拇指是自己的重心。筆者受邀，主講「太極鬆功」，將拇指是自己的重心公諸於眾。聽眾們不以為然，邀一位聽眾到前邊來，隨意站穩，請一位聽眾輕輕推他的後背，被推者往前斜倒，即邁步站穩。筆者請被推者將拇指撐開撐圓，再請推者用原力再推一次，結果推之不動，再加力，仍推之不動。這證明了拇指為自身重心的說法。

**食指：**

輕扶。意念在食指梢的勢比較多，食指對於中正安舒起中正作用。食指在周身鬆功訓練中起著至關重要的領銜作用。通常食指輕扶拳套路路線，循拳的進退固定路線行功。注意輕扶時，食指不能掛力，以食指鬆淨為佳。食指鬆淨後，直接影響腕部的放鬆，前臂也應放鬆，鬆到空前臂的境界。食指鬆空時，影響腕部鬆，尺骨鬆到肘，上至垂肘、鬆肩，上肢完全可以放鬆下來。從此可以看出，食指掛力影響上肢鬆柔，如果有力將牽動全身僵緊。食指最喜表現自己，前伸臂部，食指用力喧賓奪主，替代無名指可不是好事，將影響周身放鬆，放慢鬆空內功上身的時間。

練拳、推手、技擊等活動，千萬鬆食指，結果其妙無窮。

**中指：**

調整。立掌、仰平掌、俯掌，以中指調整中心，底盤穩固。

**無名指：**

是行拳時向前的引領指。無名指在手掌的五個手指中，是最無力最笨的一個手指，它不會用力，連掏耳朵的小動作都完成不好，向前的動作由它引領不會出力。指不出力，腕可自然舒展，前臂沒有任何牽動可自然放鬆，當然肘自然下垂，肩也放鬆。在太極拳操作中，由於無名指無力，使周身放鬆是可能的。

**小指：**

小指在手掌中是最弱小的一個小鬼，別小看它，「小鬼可當家」。在太極拳綜合修練中，小指占有十分重要的地位。凡向後屈、退、向下的動勢，均由小指支配。不用力，而是輕支配。凡拳中自上而下、由前向後的動勢，習練者瞬間想小指，手掌將向後、向下自然運行。下降的胳臂沒有力感為準確，經常照此運作，對放鬆全身有益，經常從上往下鬆虛小指，呼吸順暢，不淤不堵，有益養生。

## 三、鈎

**實鈎：**

小指引無名指、中指、食指、拇指逐一攏實，五指實攏，指尖成梅花瓣。鈎變掌，拇指、食指、中指、無名指、小指逐一舒展。

**虛鈎：**

小指引拇指與食指、中指鬆攏，無名指、小指鬆垂。鈎變掌，以拇指引食指、中指、無名指逐漸舒展開。

## 四、拳

拳在 83 式太極拳套路中，僅有十一個勢用拳，其餘多為掌。掌變拳以小指引無名指、中指、食指、拇指依次鬆攏。空拳心、拳面平，拳眼亦為平面，拳眼向上。拳變掌，以拇指引食指、中指、無名指、小指，依次虛鬆舒展。虛攏虛展，不用力。

## 五、練成空手

太極拳是拳也是手。太極拳練家自然首先要研究手的修練和運用。在這方面，先輩對此道比我們認識、理解深刻得多。諸如「展指舒腕」「能從人，手上便有分寸」「運之於掌，通之於指」「虛離，故曰上手」「得其寰中，上手也」「布於兩臂，施於手指」。陳鑫大師的《揭手十六目》說了十六種太極手的修練和運用，王宗岳在《太極拳論》中對手的妙論是「形於手指」。

幾代先賢拳家日夜苦修的實踐經驗提示後來者，練太極拳重要在於手的修練，可惜，修練太極手的道理未能引起後來練家的重視，出手貫力，拙力充滿手掌。

不言而喻，練太極拳，伸出的手不是你工作、生活、勞動中的手，而應該是符合陰陽學說、按照太極拳拳理拳法規範的手，也就是「太極手」。比如京劇大師梅蘭芳，舞臺上的手可寫一本手藝術的書，但他生活中的手，就絕不會與舞臺上等同。武術也一樣，形意拳是形意手，查拳是查拳手……道理就是這麼淺顯。

拳論提示：「一舉動，周身俱要輕靈」「形於手指」。你練拳周身不輕靈，身上、手上都是拙力，還是沒弄明白手在拳中的從屬地位。太極功夫腳為根，手應被動，不唱主角，進而練成空手，形於手指，妙手空空。「上下相隨人難進」。首先你的腳和手必須符合太極陰陽學說，按拳理拳法規範自己的手和腳，這是邁出修練的第一步；第二步方可談練拳，進而修練太極功夫。

## 六、太極無手

鍛鍊身體打一套太極拳，有手無手都是活動筋骨，如果向高層功夫修練，則需要研究太極「無手」的精妙拳理。

太極「無手」說，不是某位拳師的習拳心得，而是幾代太極拳的大師拳藝實踐的經驗之談。上乘功夫的太極拳師指導學生練拳，時常提醒他們注意手不要「妄動」。拳訣道：「太極不用手，手到不再走。」拳論云：「形於手指。」還有一句頗費思考的話：「太極無手，渾身上下都是手。」可見，「太極無手」是太極拳上乘功夫，也是立志踏入太極之門的拳家必須向深層功夫修練的目標。

怎樣修練太極「無手」呢？盤拳一定要「輕扶八方線」。吳式太極拳套路是由大小不同方向不同的圓圈組成，也是四正四隅八個方位循環往返的。修練者盤拳時，兩手食指梢不要有力，而是輕輕扶著套路的圓形圈，以鬆、柔、輕、緩地運行，長此下去，便會體味到圓活趣味，以及盤拳的極大樂趣，體味到太極「無手」的精妙之處。

要認識輕扶理論，引申去認識無手，研究無手理論。練家不要以常人的思維去認識、理解太極拳學，也不要以常人的眼睛審視太極拳拳理。如果以常人的思路去看太極拳，那將永遠停留在常人的層次上原地踏步。太極無手的理論和實踐，不會被常人所接受，因為他們沒有見過這樣高水準的拳師，以常人的思維怎麼也想像不出無手是什麼功法。

請做一個試驗，試驗人將雙手放在桌子上，全身及肩肘腕真的放鬆，然後再鬆到指梢，使手真正到空無的境界。找到這種手上空無的感覺後，以此種感覺空無的手，去輕輕扶對方的胸或身上其他部位；你只要真的以空鬆、空無乾淨的手去輕扶對方，對方腳下便會晃悠，站立不穩，雙方都會興奮地發現空手的玄妙。這說明練空手不難。

所謂太極拳博大精深，就是將後天之力退去，將後天用力的習慣恢復到先天不用力的自然之中，其實博大精深在自己身上。心神意氣在任何紛亂的環境中修練到安靜，極為安靜的境界之中。

## 七、渾身皆手

太極無手，太極空手，與渾身皆手是不是矛盾？不矛盾。一位拳藝水準上乘、拳法造詣高深的太極拳家，他應該具備空手、無手、渾身皆手的功夫。

我們先看看楊禹廷大師的功夫。

60 年代末，老拳師每天到故宮東牆下遛彎兒。不少傾慕者聞風而至，在老拳師的周圍雲集不少追隨者，我也混在其中聽他說拳。膽子大了，也伸手「聽勁」。有一次老拳師伸開雙臂，左邊三人，右邊三人緊緊攥住兩臂，兩人推住後背，我則用拳緊緊頂住他的後腰。當時並未感覺老拳師有什麼動作，可不知怎麼回事，左右六個人摔出去了，背後的兩個人也飛身而出。我更慘，因為我用的是實實在在的力，背後又是宮牆，我胸口一憋悶，原來撞上了宮牆。

老爺子每次外出時持手杖，行走時雙手橫握放於身後。有一次，我跟隨其後，到他家門口時，冷不防從左邊用右手猛奪他的手杖，說時遲那時快，我糊裡糊塗上了他家三四公尺遠的東牆，坐在地上半天才站起來。進屋後，我問老人怎麼一摸手杖，我就摔出去了。他沒回答，僅僅看了我一眼。

1978 年元旦，在老拳師家中跟老人一起過年。跟隨老人數年，深知不要錯過學拳聽勁的機會。我一扶他身上哪個部位，腳下就發飄，老人一看我，我便飛身而出，這些都沒有動作，是在無形無象中進行的。玩了半個多小時，老人興致極高，讓我踩他的腳。開始我不敢踩，為了聽勁，我便虛虛地踩在他的腳面上。當時我感覺胸口十分難受，呼吸困難，身子發飄，想撤腳不踩卻已經晚了，像是有一種強大的打擊力，從腳到頂欲破牆而出，嚇得我靈魂出了竅。老拳師拽住我的手，笑著說：「這是玩藝兒。」又說：「手杖不能用力去奪。」

從 1974～1982 年老拳師仙逝，到老人家中習拳九年。九年來，老人對我的教誨難以忘懷。他就太極拳對我講了幾句明白易懂的話：「太極拳就是一陰一陽兩個勢子，腳下陰陽變動，手上不著力，明白了這個理兒就一通百通。」

九年來老拳師說拳，讓我從頂到腳，從胸到腰，聽勁遍全身。在京城有人對楊老爺子不理解，偶有微詞，說：「楊老師口緊，」有一位弟子說老爺子「過於謙虛」。前輩拳師教拳因人而宜，看你接受能力而教，有的放矢。

老爺子晚年給我說內功很多，我是楊禹廷晚年太極內功的最大受益者。老拳師全身透空，摸在哪兒哪兒空鬆，什麼也摸不著。他坐在太師椅上像一個人影，或者說，像衣架上懸掛著一件衣服。他左手放在老式八仙桌上，讓我去按。我剛按上，他沒有任何動作，我便飛身直起，這便是老拳師神奇的太極鬆功。

按他的肩，似什麼也沒按上，有按入地下的感覺。用一個指頭隨便按在他身上前後左右任何一個部位，都是一個空虛點，或是堅硬點，像出來一隻手，把你打出去。這就是「太極無手，渾身上下都是手」吧。

凡練拳多年具有上乘鬆柔功夫的拳家都能夠做到渾身皆手。渾身皆手聽起來神，接觸後也備覺神奇，但不是難以追求。如能深入認識、理解太極拳，潛心習練，循規蹈距，每天盤拳，在陰陽變化中尋求拳之真諦，在輕扶八方線中會有所得。

渾身皆手是太極空手、太極無手功夫的綜合，三者是太極功夫的三種術語。三者體能是全身透空，全身透空者渾身皆手，扶他身體的任何部位，都有吸拿發放之功力。高手從不用手去打人，他總是綿軟虛靈，只要你用力進攻，手上即刻發出難以阻擋之巨力，但手上又少有動作。說到底，太極拳大師們已達到無形無象全身透空的境界。

## 八、鬆指與養生

在太極拳拳藝中，手小指似無足輕重，習練者從不刻意去練小指的動作。但在太極拳內功中，手小指的作用是很重要的。

手小指有陰陽兩條經絡，少澤穴主陽，手太陽小腸經；少衝穴主陰，手少陰心經。心、小腸在人體五臟六腑中占十分重要的位置，挑保健、養生之大樑。有的拳友說有胸部憋悶感，拳後感覺胸腹不順暢。筆者說：「送給你一位保健醫，保健醫就在你的身上是——『小指』。」這時請拳友站立起來，舉起自己的右手。舉手時不要用力，以無名指引領，肩鬆而起，到極限，不要有意念，鬆小指下落，要把握自然下落。

注意，手下落時一丁點兒的力也不掛，完全自自然然下落，手和胳臂不掛力，從起到落不要有意念支配，越自然越好。鬆小指落手的同時感覺到臟腑很通暢。經常鬆小指，便秘之患也會消失。

鬆小指不但有養生、保健之奇效，對武術太極拳修練也有良好的作用。有很多朋友為鬆肩、垂肘難求而苦惱，向你推薦小指鬆肩、垂肘法。不要意念，操作簡單，只要經常保持左右小指放鬆，肩自然放鬆，肘自然下垂。凡有從前向後、向下的拳勢，鬆小指、鬆肩、垂肘，手和臂自然下垂或後捋。推手、技擊中操作也很簡單，對方攻來，不要以力去接對方的進攻，鬆小指，對方撲空，在他欲逃的瞬間，他的神經、呼吸、肢體等部位都處於凹的狀態，你給他填實，以凸進行打擊。

手小指在手掌中是輔指，不善勁力，只能做掏耳朵那種小的動作。在武術運動中，小指不占主導，這是它的不足，又是它的優勢。因為小指難以貫勁用力，太極拳以陰陽變轉，舉動輕靈，用意不用力行功，因此，小指就發揮出絕妙之功能。在太極拳內功中，小指起著舉足輕重的作用。凡多年雙肩鬆不下來，垂肘垂不下去，經常鬆小指，鬆肩垂肘關可以自然通過。鬆小指很簡單，鬆小指易懂、易學、易操作。小指放鬆，腕也可以隨之而鬆，肘也隨鬆腕而自然下垂，垂肘之後肩也就自然放鬆下去，這是小指在太極拳人身上的大作用。

凡武術人周身均應緊湊，是內功的收斂。還要舒展，舒展也是內功的舒展，外形沒什麼變化，聽勁有感覺，由雙手按拳理求之極為舒展。雖然武術有虎爪掌，取五指勾屈式；鷹爪掌，取四指勾屈，如鷹爪狀，以及各種勾屈指法。但是，太極拳的拳理拳法要求五指伸開，舒展不掛力。楊禹廷大師提到：「手要平，不要掛力。」內家、外家拳理歸一，勾屈五指，或五指抱攏似鐵拳，是兄弟拳種之功法。從運動生理講，手指的末梢神經只有在舒展五指之後有可能發揮更佳的功效。

有不少拳友，出手五個指頭都伸出去。太極拳講究「動之則分」，內分陰陽，指梢與指根分，有前便有後，否則對攻方沒有威懾力。究其原因，對於習練的太極拳研究不深，理解不透，對拳結構分析欠下工夫琢磨。只知五指為掌，不知掌中奧妙，不知每個手指有每個手指的用途，每個手指在整體拳藝中的作用。

再說太極手上五指之運用，拇指主自家重心，食指不能著力，主輕扶套路路線，中指主中心或對方中心，無名指引領向前的動作，而最小的小指，在太極拳綜合內功運用中，起著鬆肩垂肘，統領周身放鬆的角色。練拳鬆小指，推手鬆小指，技擊同樣要鬆小指。太極拳修練要求從腳到手放鬆九大關節，鬆小指有益於放鬆九大關節，鬆小指有利於鬆肩垂肘，鬆小指能順暢地放鬆兩踝和兩腕。

經常鬆小指對臟腑通暢，上肢下肢的經絡順通，氣道、血道鬆暢不淤阻，對疏通結腸、橫結腸、降結腸、空腸、回腸、直腸等消化排泄系統起著主要作用，對便秘也有一定的益處，對保健、養生是十分重要的。

傳統中醫學告訴我們，人的十個手指，十個足趾，是人體六陰六陽十二經脈原發點。人們常說五臟六腑，相加為十一，如此陰陽不平衡，有悖中醫理論。人們手上三陰三陽經絡，腳上三陰三陽經絡，上下共十二條經絡，十二條經絡通連六臟六腑，「五臟六腑」少計算一個手厥陰心包經。此經在中指指甲根左側「中衝穴」位置，手少陰心經在小指的「少衝穴」。

**手的三陰三陽經絡：**

三陽經：手太陽小腸經（小指）
手少陽三焦經（無名指）
手陽明大腸經（食指）

三陰經：手太陰肺經（拇指）
手少陰心經（小指）
手厥陰心包經（中指）

**足的三陰三陽經絡：**

三陽經：足太陽膀胱經
足少陽膽經
足陽明胃經

三陰經：足太陰脾經
足少陰腎經
足厥陰肝經

六陰六陽共十二經絡，加任、督二脈共十四經脈，陰陽平衡。十四經脈不出故障，經絡通暢無淤阻，人體健康，何病之有？筆者向讀者介紹「旋捏手指」養生練功法。此法易

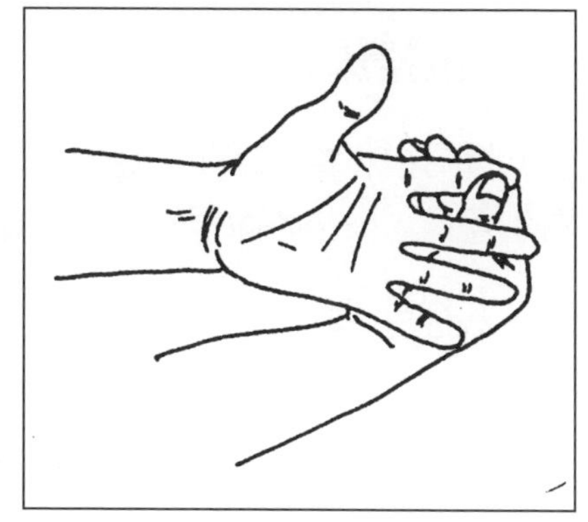

懂、易學、易操作，是人類健康的好幫手。人的手指和足趾，左 14 個小關節，右 14 個小關節，雙手 28 個小關節，雙足 26 個小關節。拇趾 2 個關節，二趾、中趾、無名趾每指 3 個小關節，小趾 2 個小關節。

操作如下：右拇指、食指、中指三個手指相對，捏住左手一個手指的小關節，橫向旋捏。因為人類手指豎向張合從幼時就會，成人後已成習慣，而手指不會橫向旋轉，它的功能漸漸減退，手的三陰三陽經絡不順暢，易引起手指不健康，進而影響人體健康。這時雙手要互助，左手旋捏右手手指，右手旋捏左手手指，從拇指到小指逐一旋捏，以旋捏關節部位為佳（如圖）。

前邊已介紹了手上的三陰三陽經絡，旋捏拇指通暢肺經，旋捏食指通暢大腸經，旋捏中指通暢心包經，旋捏無名指通暢三焦經，旋捏小指通暢心經和小腸經。每天堅持手上的經絡旋捏一遍，有空閑時間想起來就旋捏，次數越多越好。

活動手指的方法很多。每早醒來伸罷懶腰要緊握雙拳、鬆開；緊握、放開數次，使休息一夜的兩掌充血熱脹，解除關節僵緊，手功能恢復正常。還有三法：

## 1.拉捏法

以拇指和食指操作，從拇指始逐指拉捏消除指勞累。左右手互換，操作時除捏拉，也可以加上掀拉捏法。

## 2.搓手背

手是人的第二張臉，左右手互搓手背，可以恢復手背肌肉的彈性，可祛病延壽。操作簡單，以左手掌橫貼右手背，從食指根部向小指方向搓動，左右手互換，想起來便搓。

手指旋捏保健養生，要經常做，想起來就做，看電視、乘車、走路、乘船、乘飛機隨時可做，不占時間，不用場地，伸手便是，自保康泰。可以說，是 21 世紀人類健康的方便「快餐」。

# 第七節
# 內修把握部位的修練

人體周身從腳到手的九大關節的放鬆狀態，可以摸得著看得見，還有忽隱忽現的部位，像臀、襠、胸、腹、腹股溝等部位，也要依次放鬆，筆者稱這些部位為「內修把握」的部位。

## 一、臀

臀部在太極拳的身形中主中正的部位，拳論有「尾閭中正神貫頂」的說法。尾閭是脊椎的根部尾骨部位，位於長強穴。

身不正而尾閭歪斜，影響身形中正，擺尾必定搖頭，破壞了身形的整體中正。太極拳要求身形中正，臀部下收，或稱溜臀，方可保持身體正直。臀部下收，呼吸自然深沉，會陰部位自然上提，身體易於放鬆，呼吸自然安舒，直接影響鬆腰、圓背、拔脊、裹襠等部位的鍛鍊。翻臀、蹺臀則會破壞全身的鬆柔關係。

溜臀動作並不難，是摸得著看得見的部位，動則臀下溜，手扶有下溜感。

臀部在太極拳內功中占據十分重要的地位，是人體陰陽平衡的後中心，是太極內功的重要部位。臀部下溜是太極鬆功，不是可練可不練的部位。不溜臀難以鬆腰，鬆腰和溜臀是一對同時習練的功法。有的拳友十年二十載腰鬆不開，單單習練鬆腰，腰就是鬆不開，這是不知道不溜臀難以鬆腰的拳理。吳英華、馬岳梁合著的《正宗吳式太極拳》書中，關於臀的論述如下：「凸臀的弊病，在於能造成鬆腰的障礙。」字數不多，堪稱金句。曾有一位自稱有三十年拳齡的名家，一般人推手總敗在他手下。可惜，他不知溜臀之拳藝，筆者溜臀後，來者撼之不動，推他時便站立不穩。如果這位名家能把握溜臀內功，他將成為真正的高手。

過去，很多同道沒有重視溜臀的修練，太極內功不上身，知道溜臀重要性之後再練也不遲。溜臀簡便易學：太極拳的拳理，動分陰陽，臀亦有陰臀陽臀之分。請注意，掌握九大關節放鬆之法，習練溜臀功時，先鬆腳，陰臀是從上往下前溜臀，尾閭向下前彎溜。陽臀是從上往下直溜。說時易，實際操作有難度。如果是「死臀」，你下溜時，臀部沒有動靜，什麼反應也沒有。這時習練者莫急躁，一次不成再練，天天練，配合練拳的陰動陽動，動則溜臀，只要下工夫，沒有不成功的。

現將溜臀秘法公諸於世：請你去坐著打秋千，去時陽溜臀，回時陰溜臀，可試。

## 二、襠

襠是任督兩脈的交會處，練襠的功夫以掩襠、襠開一線為佳。襠在會陰穴處，會陰與百會穴上下呼應相對，自然疏通任督二脈，有「虛領頂勁」「尾閭中正神貫頂，滿身輕利頂頭懸」之經典，可見襠在全身之重要。練家應刻意修練，否則較技時常被對方「腳踏中門襠裡鑽」而得勢，使自己失敗。

在拳勢中坐步與弓步的虛實變轉，襠圓胯鬆步法自然靈活，陰陽自然變轉。襠不可著力，以虛為要，鬆襠的關鍵是裹襠，似嬰兒以三角巾從臀部兩側自下而上，從左右而中包住。裹襠必然溜臀，襠、臀相輔相成，自相配合。不要人為地去干擾這兩個部位，即不要過多用意，意大呆滯。

吳英華、馬岳梁大師關於「裹襠含腚」是這樣說的，「裹是包起來之意，裹襠是大腿肌肉的外面向裡面包裹，臀部不翹，肛門自然上提，稱為含。裹襠含腚的姿勢做到正確，可使氣不外泄」。筆者體驗溜臀和含腚意思一樣，說法不同，可見襠在拳中的重要地位。

## 三、腹

《十三勢歌訣》云：「胸腹鬆淨氣騰然」，體內輕鬆不淤阻，呼吸順暢深沉，都來自鬆腹。

溜臀、裹襠、收腹是緊密相聯的三個身體中部部位。

臀、襠鬆活，腰空，背圓靈活不滯，使全身鬆開，虛實變轉，開合自然，這是收腹之功效。太極拳一般不提氣沉丹田。久練氣沉丹田，小腹似扣著一口鍋，看著圓鼓鼓，摸著硬邦邦，影響在技擊場上操勝券。拳家在修練身形的過程中，循拳理拳法遵道而修，氣沉丹田有悖太極陰陽變化，影響小腹鬆靜靈活。

太極拳家有「氣卸到足底」之說，「勁起於腳」「其根在腳」「上下相隨人難進」都論及氣到腳。京城太極拳大師楊禹廷有「用腳呼吸」的說法。老拳師從來不說「氣沉丹田」，可見氣沉丹田不一定是上乘功法。

記得 20 世紀 70 年代，我在北京紫竹院吳圖南大師拳場學拳。一天上午，拳場來了一位三十多歲的練家，他略胖，圓臉，身體結實，看上去有些功夫。他的小腹隆起，丹田功練得「不錯」。他向吳圖南大師說欲向大師學拳。吳大師正在吸煙，他以拿煙斗的右手背敲敲這位求學者的小腹，然後說：「你不想活啦。」我聽了有些吃驚。那時，筆者練功時也「意守丹田」「氣沉丹田」。

大師告訴在場的學生們，太極拳的呼吸以腹式呼吸為好，腹式呼吸順暢兼有養氣之功效，對保健養生有益。事後多年，筆者見到嵩山少林寺素喜大師之弟子德瀧法師，他是佛學家、道學家、中醫學家、中藥學家、針灸學家、養生學家。向他請教丹田修練法，他說，丹田應該是空鬆的，「練氣不存氣，練意不存意，練勁不存勁，練血不存血。」總之，意守也許不是習武的最高境界。有兄弟拳種的名師教授弟子「意守丹田」，人家有人家的道理。

筆者認為，丹田「四不存」為上乘之法，故循之修練之。太極拳大師楊禹廷傳功「用腳呼吸」，筆者認為是最佳內功，而他的小腹是一個空洞，扶之飄起，六神無主，這是收腹之功效。

## 四、腹股溝

小腹左右兩側各有一條向下走向的溝，此溝名為腹股溝。

腹股溝對吳式太極拳的身形、重心的變轉十分重要。吳式太極拳的特點之一是重心，以一條腿支撐，兩腳雙重僅僅是瞬間的過渡。弓步和坐步，為單腿是實腳，不著力的為虛腳，功法規範不能虛實不清。拳法要求，弓、坐步「三尖相對」，即弓膝不得超過大趾甲根部，鼻尖上下相對。腳尖、膝尖、鼻尖成三尖相對之勢，尾閭「坐」於坐步後腳跟部位。這個動作難度很大，只有吸鬆腹股溝方可準確完成這一動作。

太極拳大師楊禹廷練拳和教學示範時，動作準確且十分嚴謹。底盤功夫令人贊嘆，極低的坐步和弓步，膝從不過鼻尖，動作準確到位。透過坐和弓步的訓練，要習練腹股溝鬆功。

腹股溝的操作極為簡單，弓步過渡到坐步，坐步轉變為弓步，關鍵功法在於吸收腹股溝。此功很少有人傳授。從拳照上看，有些拳人屈膝時腹股溝、小腹是平直而下，而膝屈過凸，超過足尖。此膝陳式太極拳大師陳照奎稱為「跪膝」，跪膝是病，日久傷膝、毀膝，走路都很困難。他們沒有練收吸腹股溝，靠膝支撐身體的重量能不傷膝嗎？

20 世紀 70 年代跟吳圖南大師習拳時，他看我走路有點異樣，便問我：「小祝，膝蓋不得勁嗎？」

筆者只是點點頭。早些年沒老師又蠻練，跟鄰居學練古老太極拳，練長拳、舉重、雙槓、游泳等項活動，還長跑、短跑過，沒人講生理衛生常識，只是累兩個膝，日久練出傷來。後來練太極拳，跟著楊禹廷老師習練 83 式太極拳。膝不過足尖，找到了雙膝不再支撐全身重量的最佳方法；進一步悟出「收吸腹股溝」對膝、鼻、足尖的三尖相對很有輔助作用，而腹股溝收吸自如，對全身也起著難以估量的作用。

基於此，筆者在收吸腹股溝的功法上下過一番工夫。筆者深深體驗到，收吸腹股溝是習拳、推手的重要一環，故稱為前中心，絕不虛言。

## 五、胸

胸部放鬆有關周身鬆之大局，拳論有「胸腹鬆淨氣騰然」之說。胸鬆的操作難度很大，如何習練鬆胸是極為重要的拳法。含胸可以嗎，不是不成，前人有「含胸」之說，但我們對前人的身法理解不透。練含胸者，又都鬆不下來，從外形可以觀察到兩肩前傾或兩肩前合，胸部仍鬆不下去，一觸即滯。

胸部放鬆與鬆肩相關聯。在胸部放鬆時，含胸動作把握不準確，影響背部的放鬆，胸背不鬆，影響周身鬆淨。筆者認為以展胸為佳，展胸與鬆肩、垂肘同時進行。如此操作胸部仍然不淨，這時應輕吸胸肩之間胸窩的部位，胸部自然展鬆，聽勁有追不上的感覺，似有一個深洞。

楊禹廷大師胸部是一個摸不著的無底大深洞。一展一含，以展胸對初學者更能接受。注意展鬆胸一定要與鬆肩相配合，肩與胸之間要有輕靈之感，胸部鬆靜的拳藝會使初學者更易於操作。

展鬆胸部有寬舒之感，氣沉至雙腳打開一條胸部的通暢之道，便有空胸之感。

空胸鬆胸從體用雙修實踐，都是頂尖的拳法。胸鬆不開而憋氣，影響呼吸順暢；推手不鬆胸只有受人制，無法與對方較技。

記得 30 年前，我雙手放在楊禹廷大師胸上，立即腳空、身體上浮、六神無主，有被發打出去的恐懼感，只得伸手去抓可抓的東西，以保自身的安全。這時大師伸手將我拽住，然後笑著說：「咱這是玩藝兒。」大師經常教導後學，習練太極拳不要動意。太極拳的結構十分嚴謹，似鐘錶的錶心，一環扣一環，絲絲相扣，陰動、陽動時開時合，周身上下內外不放鬆就無法行拳，胸緊氣就下不去。

鬆空胸部操作並不難，起始習練套路時，要時時勢勢提醒自己，胸部不要掛力，肩以下胯以上的胸腹部位一定要放鬆。勢勢如此，空鬆胸腹是很有可能的。空胸與收左右兩個胸窩相關連，不收胸窩，胸難以鬆空，胸和胸窩是密不可分的兩個方面。

## 六、胸窩（左右兩個部位）

在展胸的同時，注意肩向前下的走向有一個弧形凹線，筆者稱之為「胸窩」。胸窩在太極拳的整體綜合身形訓練中十分重要。

在太極拳典籍中，筆者還未見文字記載。有拳友介紹，孫式太極拳創始人孫福全先生曾說過，「似往胸窩處注水」，對此，未見文字說明不敢妄加評述。但是，胸窩修練是不可忽視的部位。此部位對於穩固上身十分重要。例如，對方以拳、掌推我胸部左右部位，胸窩回收，對方即撲空失去重心。

修練胸窩鬆功操作簡便，只是以想左右胸窩吸收即是。配合上肢動，凡兩臂向前伸的動作時，胸窩向回吸收，天長日久內功上身。最佳習練法是每天練拳時，時時注意胸窩的吸收。

## 七、背

背與空胸相輔相成，胸空，背部自然圓活。背要圓，稱圓背，似龜背，空腰、圓背相關聯。鬆腰即空腰，脊椎節節自然上拔（拔椎節不要加意念，一定要自然上拔，有意去拔，意大不妥），是督脈自會陰穴上至百會穴的自然走向。鬆腹、空胸、圓背、空腰，脊椎節節上升，幾個部位相互牽聯，不可孤立。

拳論有「牽動往來氣貼背」之感覺，「滿身輕利頂頭懸」，周身能鬆靜下來，脊椎有熱脹感，有粗壯感，在背部找到太極拳的「味道」，太極內功從背部顯現出來。有的拳家體會到「力由脊發」。如果說克敵制勝，空胸、圓背已經嚴重威脅到進攻者的重心，沒有重心只能等著挨打，無還手之技。進攻者長手還是短手，觸到鬆功上乘者的胸部，似落入陷阱，深不見底，對方將被嚇得不敢進，不敢退，更為僵滯。

請注意，圓背是練拳過程中周身鬆空而得，不是單練此功，單練難以如願。空胸、圓背有關聯，不空胸難以圓，請在練中體驗空胸圓背之妙。

## 八、頸

虛鬆胸、腰、背之後是「十要」的上端，要鬆頸部，鬆頸部也稱弛頸。

弛頸以靈活頭部，有「猴頭弛頸」之說。不要刻意「豎腰立項」，如此意大出力，影響空腰、圓背，不利於周身放鬆。頸部以自然虛鬆為好，為了找到弛頸的感覺，以收下頷、兩眼平視為準。

太極拳鬆功是綜合人體鬆柔、鬆空、鬆無的大工程，牽一發而動全身，一處僵緊，全身皆滯，推手、技擊定受人制。周身僵緊對於修練拳架亦無補。如果周身鬆功功成，可以逐一鬆柔單一部位。但是鬆功是太極拳內功，一個部位、一個關節不能顯示周身的鬆功水準。

有一次接待一個美國武術代表團，一位美國練擒拿多年的女同道，她用臂彎緊緊鎖住我的脖頸，然後緊緊收力，如果單單放鬆頸部難以解困。筆者及時鬆腳，空鬆胸背，她後背著地躺在地上。

先賢對周身鬆功的要求是「無形無象」「全體透空」。進一步要求太極拳修練者周身上下達到「關節要鬆，皮毛要攻，節節貫串，虛靈在中」。筆者在修練中有深深的體驗，以此四句拳訣作為太極拳修練的要點為宜。

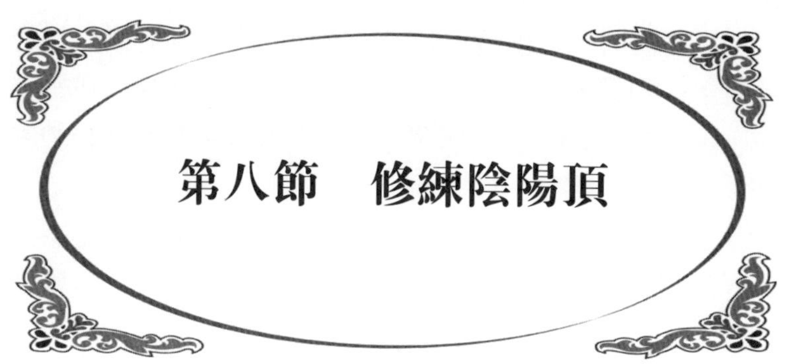

# 第八節　修練陰陽頂

太極拳人應有兩個頂：陰頂和陽頂。

「精神能提得起」「虛領頂勁」「頂頭懸」等頂的方法使初學者難以掌握。

腰、背、頸部緊張僵滯，不利中樞神經系統對全身各個系統和器官的調節。頭部僵緊不利於腦平衡，心腦僵緊影響全身放鬆。對初學者來講，拳法簡單易練為好，頂上以虛靈精神為佳。使頂上有虛靈的感覺，將精神意念虛虛地想像在頂上已經夠了，不要再去「提」「領」「懸」，使頭部自然虛靈有神即可。對於修練多年的練家，能做到頂上虛靈，自有一種新的感覺和「味道」。

關於頂的修練是很吃功夫的，用力不成，用意也不十分妥當。「豎腰立頂」也是拳家提倡的，但一豎一立，腰、背、頸三個部位皆緊，胸也憋悶。筆者多年修練太極拳，也在頂上下過一番工夫。像精神能提得起的「提」，頂頭懸的「懸」，「虛靈頂勁」的「頂」，均不利於初學者對頂的認識和理解，也難以操作。

在行功時，取虛靈頂勁的「虛靈」，精神能提得起的「神」，頂頭懸的「頂」，以「虛靈神頂」修練。在操作中，頂上要虛虛靈靈，輕輕鬆鬆，頂的虛靈狀態是將精神放在頂上，為上乘功法。

筆者在太極拳修練中，均以陰動、陽動行功。在陰陽動的變動中，陰動行功中頂上的「百會穴」部位發熱，百會是拳論中論及到的頂的位置是對的。但陽動行功時，百會部位的熱感消失了，而前頂的囟門部位發熱，悟到頂與其他部位一樣，同為「陰陽相濟」。

為了深入研究頂分陰陽的拳理拳法，我查閱了大量的資料和拳經，又查閱了《中國武術大辭典》，未找到陰頂陽頂的例證。

在王宗岳的《太極拳論》中，有「陰不離陽，陽不離陰，陰陽相濟」的經典論述。既然人體是太極之體，「一處有一處虛實，處處總此一虛實」，為什麼頂的虛實只有一個百會穴呢？太極拳講究陰陽變化，陰陽之母，動靜之機，動之則分，頂難道不存在陰陽之母、動之則分嗎？頂與周身各個部位一樣，同是陰陽相濟，動分陰陽，故太極拳人不是一個頂，而應為兩個頂，一個陰頂，一個陽頂，陰頂部位在百會穴，陽頂部位在囟會穴。

在太極拳訓練中，應注意陰陽頂的修練。陰陽頂在推手、技擊中運用也是上乘拳法。頂在人體生命科學中占據天位，天位是居高臨下，俯視周身內外的至高無上的位置，頂為周身上下內外的主導，雖然不像腰的重要，腰為軸，腰是

「三軍司令」，頂是腰的「太上皇」，周身上下協調統一，頂應該是逐一協調統一的總調度長、總協調員，頂滯周身僵，請同道在修練中去體驗。

初入拳場，絕對不能忽視頂的修練，頂上有神，虛虛靈靈，陰頂陽頂變轉自如，有望達到功成。

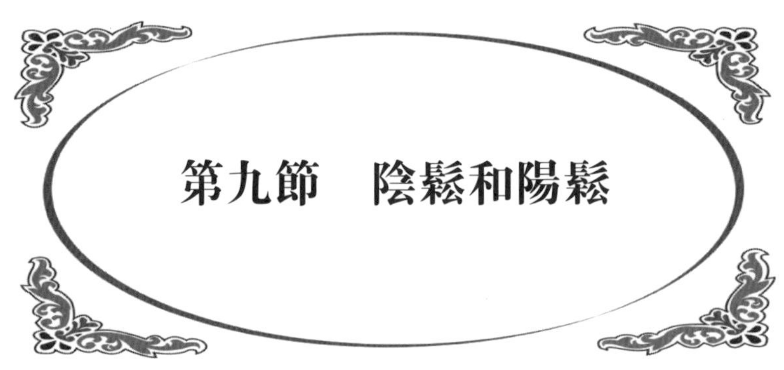

# 第九節　陰鬆和陽鬆

## 一、鬆功習練

什麼是太極拳的鬆，怎樣操作鬆功呢，找不到一個滿意的答案。於是我查書找典籍，書海無涯，苦尋細查，在鬆的章節裡，不是躲躲閃閃，就是欲說又止，沒有答案，苦惱之極。在公園遇上一位鬆功論道者，說得條條是道，聽得津津有味，等著盼著在對方身上聽勁摸一摸，邦邦硬，大失所望，又去旯旮寂寞練功去了。

以後進入京城鬆空大師楊禹廷的門檻，登堂入室聽老拳師的勁。太幸運了，太幸福了，知道了什麼是鬆，在老爺子肢體上聽勁，不但知道鬆是什麼味道，進而明白了空，什麼是空，什麼是無，以手摸到老師身上，什麼也摸不到——沒東西。楊禹廷老人坐在椅子上，不去理他，他是一位普通老人，想去理他，或者要走近他，有了前進的動意，他注意你欲向前走近他，他看看你，你再往前邁步，壞了，前腳邁出後腳抬不起來了。令人興奮，又進一步認識和理解了鬆功在拳藝中的作用。

對方看著你，為什麼抬不起腳呢？令人百思不解。以後請教過馬有清先生。他認為「鬆功修練，先心意鬆，然後肢體鬆」，馬有清先生是楊禹廷、吳圖南二位大師的雙傳高足，傳統太極拳的研究造詣頗深。

修練太極鬆功，先心意鬆，後肢體鬆，是一條大道。深研鬆功者首先要改變思維觀念，不要一味在肢體上找鬆勁，單單心意放鬆還不夠準確，要心、神、意、氣放鬆，頭腦也要放鬆，然後肢體才有可能放鬆下來。

## 二、陰　鬆

在太極拳場，練拳談鬆者比比皆是，練拳追求太極鬆柔功夫是很自然的事。拳論曰：「極柔軟，然後極堅剛。」柔軟是什麼，是鬆。

鬆有陰鬆，陽鬆。陰鬆是什麼？陰是隱，是虛，是空，是開，是靜，是柔軟，是虛靈，是捨己從人。

從 50 年代始，上海各個公園習練太極拳的人很多，可以用蓬勃發展來注釋上海群眾性太極拳活動。早晨在外灘，有數以百對人在推手，因為人多，跑到馬路上推手，互相研究不能用力，誰出力誰錯。

北京各公園練拳推手的人很多，許多太極名家高手也多喜愛到東單公園、正義路街心公園以及天安門廣場，因為這幾處可以騎自行車，聚也容易散也方便。在北京從街心公園到各大公園，凡習練推手者無一不在鬆柔推練，誰出力便自知錯了，動則謹防出力，鬆柔拳藝研究之風盛行。

當今太極推手活動，用力勁推者居多，鬆柔輕靈者少見。在推手者中，有追求輕靈鬆推者，此鬆一般均為陰鬆。本來在太極拳理論和拳法中，多以拳論為理論基礎。拳論云：「太極者無極而生，陰陽之母，動靜之機也。」只要練太極拳、推手、技擊，動靜都以陰陽變動為本。但談鬆論道時，多以一個「鬆」字言之。當前太極拳圈內談鬆論道，僅一「鬆」字說教，這個「鬆」字是陰鬆還是陽鬆，說不清楚，學習者也犯糊塗。

蒼穹宇宙從無到有，天地大太極，人身小太極，動靜陰陽變轉缺陰不生，無陽不長，太極拳怎麼只有一個鬆呢？太極拳習練者的鬆，僅僅為陰鬆的拿、化技藝，將對方發放出去，不是陰鬆所能完成的。

拳論《十三勢歌訣》云：「變轉虛實須留意。」如何留意呢？「其根在腳」，以腳下的陰陽變化為理法。如對方攻來，空接對方，鬆腳收斂入骨，對方被拿起來或是將對方來力化掉，這是陰鬆的效果。鬆中有陰陽無須討論，這是太極拳之真理，只有在練中去體會，悟中去體驗。

如果你在習練中不知陰陽，請你不要練，練也是以力強努，盲練白搭功夫。在練拳行功時，陰陽變動全在腳下，「其根在腳……形於手指」，手上絕對不能掛力，否則難以在拳裡體現陰陽變化。

## 三、陽　鬆

太極拳技藝從理論研究，講究「動之則分，靜之則合」。動之則分，分什麼，分陰陽；靜之則合，合什麼，陽為合。陽是什麼，陽是意之顯，是實，是有，是合，是動，是堅剛，是發放。

傳統太極拳83式是楊禹廷大師的定型拳架，83式分為326動，就陰陽變轉而論，又分為163個陰動、163個陽動。當今習練太極拳者不明陰陽者較多，他們像練體操或別的什麼拳，不把陰陽當回事。立志練太極拳者必須知拳之陰陽，練明白拳，操明白功法。知道陰鬆如何操作，陽鬆該怎樣處理，對陰陽變化心知肚明，再練太極拳便有了陰陽變化的「味道」。

陰為拿化，陽為發放。有了陰陽變化功夫墊底，再去推手，陰陽變化自如，胸有成竹不會再走彎路。陰陽在修練者身上有什麼反映呢？對方可以感覺到拿、化、發、打。自身的感覺，也稱「身知」或稱「身上明白」，能摸得著看得見的是汗毛。人體在陰鬆的狀態下汗毛是順爬在臂上。陽鬆便出現奇跡，汗毛和短髮豎立起來，輕扶汗毛有硬度，如果心裡想去按，汗毛有扎灼感，似身豎利箭向外飛刺。

太極拳人的太極內功到深層境界，身上有了陰陽變動，便是具備了太極拳的體能。體能應該視為「關節要鬆，皮毛要攻，節節貫串，虛靈在中」。以拳論詮釋太極拳人的體能最為貼切。筆者在北京和平里群眾活動區教學，一位女教授突然發問，「什麼是『皮毛要攻』」？筆者解釋說，「人在習練太極拳進入鬆空狀態後，陰陽變化在人體中的一種反映，陽鬆汗毛可以豎立起來。」我問學員們想看嗎？都說想看，於是人們圍攏上來。

當時是炎熱酷暑盛夏，稍動則大汗淋漓，身上的汗毛被汗水浸濕伏爬在前臂上，肢體不鬆淨體能難以顯示出來。待周身動分陰陽之後，汗毛都豎起來。拳友中發出一片「呀」之聲，不斷嘖嘖稱奇。以手在汗毛尖上來去輕捋，有擋手之感，欲往下按時，有人喊著：「扎手。」

## 四、太極點

什麼是太極點？指太極拳修練者身體的某一部位，都有一個點，這個點是拳論說的「陰不離陽，陽不離陰，陰陽相濟」的太極點。太極拳修練者的肢體表層都應該具備太極點。

早在 20 世紀 60 年代，最早說到「太極點」的太極拳家是馬有清。他說，「太極功夫鬆得好，身上有了太極點，推手、技擊點點具打。」後來請教楊禹廷大師，他說：「功夫越深點越小，我老師的點似綠豆。」禹廷大師武德高尚，他從來不說自己身上的點有多麼小，一問就說「咱不成」。可是一在他身上聽勁，似乎沒有點，摸在哪裡哪裡空。

經過多年的太極拳修練，「太極點」的研習自然顯現出來，進而可以研習太微拳學。在打拳行功修練中，不要大把抓，張開五指伸出大巴掌，很難把握「舉動輕靈」的功法。

其實，太極拳的整體套路中拳並不多，而主要功夫在掌。太極掌又不可以大把抓，以手指為行功的單位。一個巴掌大把抓永遠也練不好太極拳，曲指、半握拳也難以練出功夫。楊禹廷大師要求練拳時，「手要平不要掛力」。從小指到拇指，每個手指有每個指的功能。小指主管下落和回捋，無名指起引領作用，中指為中正，食指絕對不能用力，只管輕扶，拇指為自家中心。請注意在練拳、推手、技擊動作時，手掌及五指均不可用力。

關於太極點的習練和運用，嚴格說應該具備體能和鬆柔內功之後方可能得心應手。「點」的習練和運用並不難求也不複雜，而且易於操作。在太極拳陰陽動套路中，陰動的起點是陽動的止點，陽動的起點是陰動的止點，往返復始。莊子說，「物量無窮，時無止」，生命運動永不停歇。在動作的陰陽變動中，在手的食指前設計一個「虛點」。陰動手回捋，虛點隨手指進，實手向前時，虛點在食指前方退。結果，實手向前追不上虛點，實手後捋，虛點追不上實手。開始操作，食指可能有力，虛點有意，久之，虛點意去，食指力退，成為自自然然的功夫。

太極點在推手、技擊運用中，接點不接面，打點不打面，變化萬千，奧妙無窮。

## 五、修練鬆功的檢查

修練鬆功，周身上下內外是否真正放鬆下來，要進行檢查。檢查分為兩部分，第一步為自查，第二步為他查。

## （一）自查

首先要檢查太極鬆功理論的學習，研究什麼是太極門鬆功，對太極鬆功的認識和理解，以及習練太極鬆功的部位和操作方法。

人體支撐身體直立的骨架，是人體中的棟樑，是人體結構器官中最為堅剛的物質。必須將骨骼訓練得不失其堅剛本質，又要適應太極拳陰陽虛實之需要。首先訓練骨骼能符合太極內功的鬆柔、鬆空、鬆無之要求，第一要訓練的是骨骼之間的關節。人體腳關節以上踝、膝、胯、腰、肩、肘、腕、手等九大關節，趾為左右腳共 26 個小關節，手指左右是 28 個小關節，每個大關節都依次鬆開。人體活動，依靠這九大關節和 54 個小關節的靈活方有可能使人體動作運轉正常。

太極拳修練講究鬆柔，只有關節放鬆，且節節貫串，身體上下才有了靈活性。這個靈活性不是常人日常生活中的屈伸轉動，而太極拳各個關節的靈活性，指帶內功的不被人所制約的靈活性。深層解釋是，關節的活動經過訓練在陰陽變轉中的靈活性，各個關節不帶有「力點」的靈活性。自我感覺各個大小關節都放鬆開，筋、骨、肌肉都不「叫勁」，隨意肌放鬆運用自如，而不隨意肌也放鬆不僵緊。

## （二）他查

如何檢查你的太極鬆柔圓活性呢？例如，你的關節被對方反拿，此時常人的反映是以力反抗或逃跑。被對方拿住反關節，逃跑是不可能的，反抗也是無益的，只有按對方的意志，或蹲、或跑、或倒，或彎腰認輸，任何用力於事無補，只有失敗得更慘，不信可以實驗。而具有太極拳陰陽變化中的靈活性可以解困。解困的方法是你成年累月，一秒一分的修練，從腳到手大小關節一節一節的鬆。當然，大小關節鬆得一丁點不掛力，更為上乘。

請一位同道好友對你推、拉聽勁，一切來力都作用在你的身上，如果你的周身上下內外仍處於僵緊的狀態，還須在拳法上去修練。修練一段時間後，雙方各掰搬對方的反關節，所用的勁力在對方關節部位失效，證明你的周身具備了帶有陰陽變化中的靈活性。這一內功可以隨時檢驗。對方的手或輕或重，或扶或推到你身上，都反回到對方的接觸點上，手上或腰、腳部位，證明你已經把握太極內功的中上乘功夫了。

鬆功修練上一個層次是空和無。空是「全體透空」，無是「無形無象」什麼也摸不到，手在對方身上所能摸到的一個空鬆點——就是在對方身上聽勁，在手所觸及到的接觸點是個空無點，什麼也摸不到。

還有更為神奇的，太極修練鬆功好的，在他身上摸不到骨骼。一般太極功夫者接手，在接觸點上透過毛皮肉筋順暢摸到對方的骨骼，鬆功「全體透空」者，想摸到他的骨骼是困難的，可惜這具有太極鬆、空、無功夫者社會上很少見到，若想見到，也要隨緣分。我們修練太極拳應該知道有這種鬆功太極人存在。

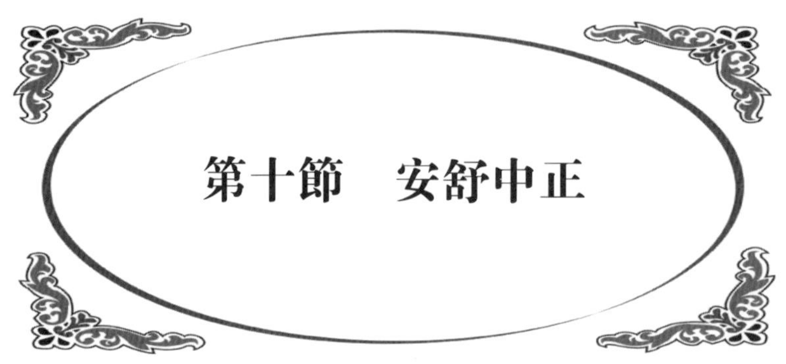

## 第十節　安舒中正

凡是練家均明白「中正安舒」之拳理，但有的練家不重視修練，以為身體站立正直、雙目平視便做到中正安舒了。

站直是對的，是否安舒中正待研究。中正是外形，內求安舒，安舒指心神意氣，中正和安舒是相輔關聯的內外雙修的方法。尾閭中正，還不是安舒中正，安舒中正應以心神意氣的安靜，精神放鬆，影響外形的體淨。體淨表現在練拳盤架的行功中的中正安舒，靜中的中正不一定在動中能做到安舒。在太極拳的訓練中對身法的要求是極嚴格的。太極起勢的無極狀態中，要求練家站立中正，從腳到頂，踝、膝、胯、腰、肩、肘、腕、手等九大關節要放鬆，且虛靈，稱為「九鬆」。身上的隨意肌和不隨意肌群都一一鬆開，這要花一定的時間去自我調整，有時還需在師長糾正下去完成。

拳論要求，「立身須中正安舒，支撐八面」。靜立比較容易，動中就比較困難。盤拳行功在拳勢的陰陽變化中，重心變轉不到位，往往出現身形左右歪斜，有前俯、後仰、凸凹、斷續、缺陷之病。這是因為心神意氣僵緊之過，要調整心態，順暢呼吸，恢復心神的安靜。練拳是周身放鬆重要的訓練法，練家一定要重視練拳。練一套拳、一段拳或練習單勢都可以，注意勢與勢之間的陰陽變轉，又稱為陰陽接頭。重心腳與頂上下成為一條線，以保持立身中正。正，可以按照「九鬆」「十要」之要求站無極樁。站樁，心神意氣易於放鬆。站樁、練拳、雙人對練推手，頂上虛靈有神，絕不能忘，絕不能丟。

身形的中正是心神意氣安舒的反映，中正和安舒是互相依存的，要隨時調整心態，安舒心神，在靜中、動中均保持中正安舒才能練好太極拳。

身形的中正，由心、神、意、氣的安靜為基礎，體內心、神不靜，外形的中正難以尋覓。對身形稱為「安舒中正」合理準確，因為先有體內的安舒後反映到體表的中正。安舒中正和「立柱式身形」結合在一起修練，發展身形中正的理論，才提出身形內外的「三不動」原則。

在武術圈子裡有句俗語「低頭貓腰，功夫不高」。為什麼行功時低頭貓腰，因為沒有注意身形的訓練。吳式太極拳承傳下來的身形保持中正，取名「立柱式身形」。

「立柱式身形」是吳式太極拳特有的拳法，經過楊禹廷大師八十多年的實踐運用，證明是符合拳理拳法。顧名思義，立柱式，是身形像一根柱子立於地上，「立柱頂千斤」，取其穩固、抗重壓之意。操作很簡單，講了易懂，聽了易學，自己易操作。

太極拳十分講究重心，反對雙重。太極宗師王宗岳在

《太極拳論》中說：「每見數年純功不能運化者，率皆自為人制，雙重之病未悟耳。」雙重是病，太極拳運動中的病態。陳式太極拳大師、著名太極拳家陳照奎先生，總結出太極拳習練「五十病」，第四十四即為雙重之病。

陳式太極拳宗師陳長興先生素有「牌位先生」之雅號。從他的雅號，我們可以想象到，大師盤拳、推手、技擊身形始終保持中正，否則不可能是「牌位」。立柱式身形優於雙重身形，取重心腳的單腿重心，即左腳或右腳重心，腳、腹股溝、頂，上下一條線。立柱式身形可以直觀檢查，是看得清楚的。立柱式身形，是足尖、膝尖、鼻尖的「三尖相對」功夫，可以經常習練坐步和弓步，或習練「摟膝拗步」和「倒攆猴」。注意在虛實腿的把握中，虛腳要虛淨，所謂「虛淨」，是虛腳一點力也不掛，通常說的「一羽不能加」，腳後跟虛輕輕落地，腳趾上揚。實腿實足，將全身的重量由實腿支撐，成坐步或弓步，三尖相對，腳絕對不能踩地，應平鬆落地，取「雙輕」功法為佳。

弓步變坐步，實腳鬆虛到頂，虛腳被動虛起，在實腳內側虛靠後過渡到向前變坐步。此時虛腳隅位斜出30°，腳後跟虛著地，腳趾上揚。坐步變弓步亦然。立柱式身形在太極拳整體拳法中占據重要地位，前進、後退、左顧、右盼，是很靈活的。但一定要注意，在虛實腿減加法的變動中，胯保持鬆空狀態，不可加入虛實腿的變動，有胯便添亂，使腰腿僵緊。

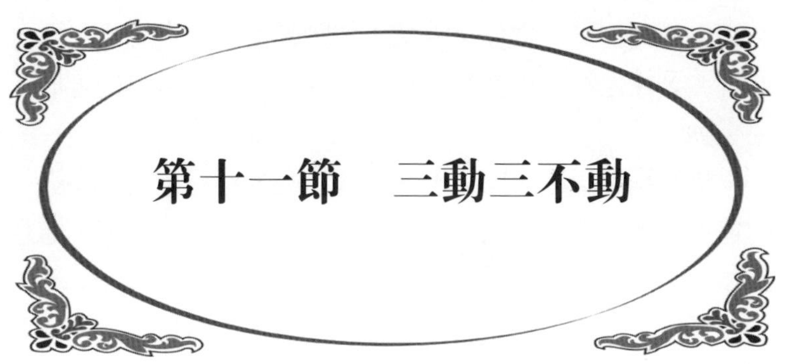

# 第十一節　三動三不動

三動三不動，是筆者多年修練太極拳從實踐中悟到的重要原則。太極拳的行拳多以被動運行，不採取主動出拳。太極拳的拳理特性，是「引進落空」「捨己從人」。李亦畬大師在「身靈」功法中說，「從人不從己，由己仍是從人。由己則滯，從人則活。能從人，手上便有分寸」。

大師一席話，勝練五年拳。先輩大師給後來學子說拳，似站在我們的面前，將拳理掰開了揉碎了，反反覆覆講道理。大師「從人則活」的拳理，說通俗些，是練太極拳不得主動行拳，而是循太極拳的規律，被動而行。也就是筆者總結修練內功的三動三不動。

## 一、周身三不動

習練太極拳一不要有動意，二不主動，三不妄動。

筆者在學拳過程中向多位太極拳家請教過，儘管他們練不同門派，但眾口一詞，練拳和推手不要有動意，動意大心神和軀體便僵緊。太極拳習練，舉動輕靈是拳之規律，不可僵緊。習練過程中不要有動意，還要注意管住自己的身形不要亂動。

具體指肩以下、胯以上在行拳中絕對不可主動和妄動。前進、後退是腳腿的陰陽變轉，不是身軀的向前後退，潛意識和意念都不可有前進和後退。

習練太極拳是很艱苦的，不是練拳苦，而是必須遵循拳理拳法，按陰陽學說規範的動作行功，循規蹈矩，不得有隨意性。每動一次，都要動分虛實，陰陽變轉，舉動輕靈，這是太極拳的規律，也稱為規範，太極拳的每一個動作都由規範管著，不得有半點逾越。

練拳、推手、技擊三不動，練拳、推手最忌動意在先。在推手、技擊實戰運化中，最忌主動上前、主動後退、主動出擊，妄動化解來力。

遇對方來手，不管長手、短手，為了早些擺脫困境，妄動其身，搖頭擺尾，閃腰挪胯，恰似武禹襄大師在《十三勢說略》中指出的身上之病，「缺陷、凹凸、斷續」，身形散亂、求勝不得、失去信心等等弊端。

在行拳操作中，全然不知動中求靜，後發先制之技擊要素，也不去體味動靜相兼的「一處有一處虛實，處處總此一虛實」之拳理，不顧陰陽變化之規律，而主動、妄動，不是求內部的自然運動，破壞自身的平衡，沒有平衡不攻自破。

在行拳過程中，不可有動意亦不要主動，在陰陽變化中求內部的自然變化，而循拳套路的規律而動。

例如，在弓步變坐步時，虛腿變實腿後，實腿要實足，一條腿足以支撐全身，這是吳式太極拳特有的「立柱式身形」拳法。實腿變為虛腿後，要虛淨，虛腿虛淨，腳尖自然逐漸上揚，腳後跟虛著地，虛腿空虛不掛力，才算完成了腿部的虛實變化。如果過於急躁，虛實突變，功夫不會上身，不如不練。

筆者到江南某市講學，一些拳友請來一位老師，在一飯店歡聚。席間一位學生將請來的老師按在坐椅上，請教老師如何不用力能站起來。這位老師晃動上身，下肢用力蹬地，掙扎欲起未能成功。

東道主詢問筆者，請教如何解困。筆者認為老師犯了先有動意、主動、妄動之忌，使自家內外僵緊，失去陰陽平衡，是絕對站不起來的。問可試驗嗎，筆者請他們中一位大力士來試，初始也學鄰桌的那位老師主動、妄動想站起之狀，均被對方按住。

然後筆者講解三不動拳理拳法，對方再也按不上力，腳下失去重心，沒有根基，自然離開接觸部位，筆者自然而起。在場觀看者咂嘴稱奇。

太極拳的層次性極強，修練不到上一層次，很難以理性、感性了解和體驗到上一層次的功法。

陳式太極拳宗師陳長興之所以有「牌位先生」之美譽，就是具有身形「三不動」之範本。因為陳長興大師練拳、推手和技擊，身形保持中正，可稱為在陰陽變化中的鬆柔動態運行藝術，甚為好看，得此「牌位先生」之雅號是當之無愧。

## 二、手上三不動

手上三不動：即在盤拳、推手、技擊中，與對方接手時，在接觸點上要不動、不丟、不頂。不動，是太極綜合功夫中定功在手上的反映。不丟，遇障礙和對方進攻，自己的手以中定，定之不回手，即不丟。不頂，手上不要有力硬頂住對方進攻。手上三不動是筆者在多年修練體悟中身上三不動功夫延伸舒展到手上，是太極拳周身上下綜合功力在手上的反映。

請聽先賢對手上三不動的論述：

「能從人，手上便有分寸」「挨何處，須向不丟不頂中討消息」。手上三不動是行拳一陰一陽修練而得。實際操作也要周身鬆空之後，出手不能有力，似蟋蟀的觸鬚，身上也不要掛力，腳下鬆開，才有可能做出手上的不動、不丟、不頂。不動是中定，亦可以說陰陽平衡，周身內外相合，上下相隨，鬆空腰胯，身上可以出現中定功夫。中定是陰陽平衡在雙方接觸部位的反映。

可見，手在太極拳整體拳藝中占據十分重要的地位。但是手和身體一樣，在太極拳套路或在太極推手、技擊中是不主動動作的。嚴格說，拳藝規範手上基本不動或小動、微動。有這麼一句口訣，「大動不如小動，小動不如不動」，不動是大多數太極拳深研者的共有的認同。也可以如此詮釋身體和手，身體指肩以下、胯以上部分，在拳的套路和推手、技擊運動中，身軀是不動的。手在盤拳、技擊中，以小動為佳，或是不動和被動。

## 三、手動腳不動，腳動手不動，手腳齊動

在太極拳的體用結合實踐中，在大多情況下，均為手動腳不動，腳動手不動，只有在特定的環境中，手腳上下同時運動。所謂的腳動，應是左右腳重心的變轉，不是前後的邁進和退回，也不是左右橫移。

以吳式 83 式拳抱虎歸山式為例，共有 4 動（單動為陰，雙動為陽）。

**1 動：**兩掌前伸（手動腳不動）。

**2 動：**兩掌展開，面東漸至面南，右臂從向東漸向南漸至向西，運行 180°（腳動手不動）。

**3 動：**兩腕上掤，左右臂面前上方交叉（手腳齊動）。

**4 動：**兩掌交叉下落，鬆肩垂肘，兩腕與肩平（手動腳不動），屈膝雙腿坐式（腳動手不動）。

以手動腳不動，腳動手不動，手腳齊動之拳法練拳可以練出功夫，這種習練法可稱為手腳上下相隨的拳法。太極拳陰陽變化、虛實開合、鬆空柔化的味道出來了，令人陶醉，樂在拳中。

此拳法在推手、技擊中運用也是上乘功法。如腳動手不動推手：雙方接手後，防方在手接觸點上，以中定功法堅持三不動。對方進攻，防方腳動手「中定」不動，弓步變坐步。對方攻多少，防方退多少，如攻一尺退一尺，攻二尺退

二尺，對方定步進攻已到極限，此時防方腳不動手動，回捋一寸對方都失控。此拳法雙方可試，極為靈驗。

「三動三不動」拳法不是哪一位大師憑空想出來的，是經過幾代拳人的努力，在實踐中摸索總結出來如此符合拳理、符合老子「道法自然」的拳法。

從明、清到民初，太極拳理論著作頗多，但修練功成者鳳毛麟角。原因之一是修練者很少去研習拳理，只是在拳場上練來練去，不明「太極功夫在場外」的道理。不去研究拳之結構，不是讀書明理，不接受「三動三不動」真諦拳法。練拳時擺頭翻臂，身形亂動不穩，上身主動、妄動是拳之大忌。

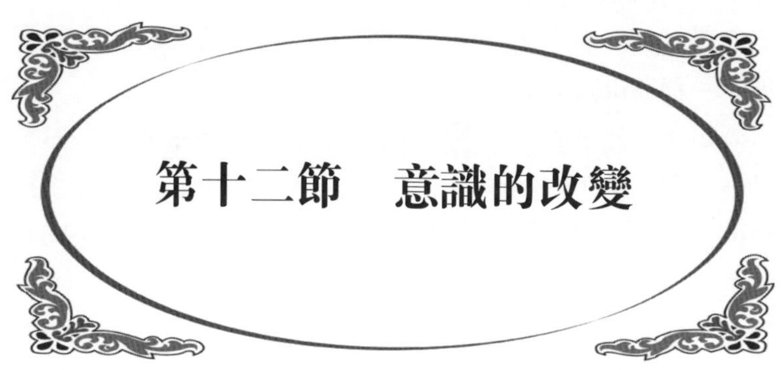

# 第十二節　意識的改變

在傳統太極拳修練中，凡深研者在修練的過程中都會遇到動意、意念、意識和潛意識這些心、神、意、氣的東西。它們是習練中的障礙，還是幫手？如果是障礙，能不能甩開它們，進行無障礙修練，而多用幫手來增強修練質量，早日擺脫本力的困擾，達到內功功成的境界。

## 一、動　意

太極拳教練、老師經常教導從學者手怎麼伸，腿如何抬，動作中注意意念。

以太極起勢為例：第一動，鬆左腿，實右腿，從左右兩腳重心向右移為右腳重心。這麼簡單的幾個動作，教練告訴你，「向右移為右腿重心」，這便是「動意」，此動意是「向右移」，這個動意是在「向右移」重心時埋下的。

以後多年習練太極拳套路，反反覆覆做太極起勢第一動，向右移為單腿重心，你練拳年頭越久，你向右移動重心的次數越多，你的意念、肢體養成一種全身向右移動的習慣，一種難以改變的習慣。

可做一個試驗，你在做向右移動重心、雙腳重心向右移動為右單腳重心的動作時，請一位托兒所大班的小朋友手扶你的左胯向右推，只見小朋友輕輕一推，你便站立不穩向右倒去。為什麼？因為你經常以動意指導你向右移動重心，雙腳重心變右單腿重心，經常不斷以動意支配你的行動，使你從心腦到肢體行為養成向右移動的習慣動作，使你向右移動重心，右腿（腳）便沒有了重心，一觸即倒，這是動意在心腦、肢體中作怪。

在雙人推手中，動意在人的頭腦中占據主導地位後，全身都打不開，不輸才怪呢。二人照面，雙方都生出動意來。一是怕對方將自己推出去，二是想將對方推出去，心裡想著一怕一推，這是動意，身上便僵緊得似一根棍，不堪一碰，難禁一推。

朋友們可當場試驗，二人相對輕鬆而立，四手相接，要輕接觸，心腦不設攻防，互相不干擾，相互不觸及對方，二人相安無事相接而立。一方心裡想推對方，只是想推，不要有任何動作，腰及周身便緊僵起來。如果真以動作推擊對方，對方仍保持輕鬆站立狀態，推方腰緊體僵，定要自己被擊出。然後再交換推手位置，這種試驗是很靈驗的，有動意，軀體四肢僵緊是絕對的。

試驗結果說明，「動意」是拳和推手中的障礙，修練者要避開動意這一行功中的障礙。有了這種想法，修練者在思維觀念上有了飛躍，改變了習練太極拳的固有觀念，這是一次了不起的「換腦筋」。

若想在太極拳領域中探求個深淺，用常人的思維去想，用常人的眼光審視，想上幾十年，看上幾十載，什麼也想不深，什麼也看不透。要解決太極拳無障礙修練，不改變思維方式是難以辦到的。

身形三不動首要的是，不要有動意，練拳、推手均不要有動意。太極拳術語，大動不如小動，小動不如不動，不動先要心腦不動，也是說的不要有動意。

## 二、意　念

傳統太極拳離不開「意念」。在太極拳書裡，講拳的每個動作，最後總要注明視線和意念。太極拳的意念和氣功的意守不同，拳的意念不是固定在一個點上，隨拳勢行功推進，意念隨陰陽變化在左右手上變動，而氣功意守在一個固定位置上。

意念原出自武式太極拳家李亦畬大師的《五字訣》中，他指出：「須向不丟不頂中討消息。此全是用意，不是用勁。」以後近百年，太極拳愛好者口頭傳播，為了上口勁字改為力字，成為當今的「用意不用力」，合轍押韻，上口好記。氣功家意守丹田的意，跟太極拳的意，不同之處是靜意和動意之分。

例如，吳式太極拳的「攬雀尾」，1 動（陰）左抱七星，意在左掌掌心；2 動（陽）右掌打擠，意在右掌掌心；

3動（陰）右抱七星，意在右掌掌心；4 動（陽）左掌打擠，意在左掌掌心……意和動意似河水、海水難以量分，初學者動意大，在教學時將「意念」改為空何處。

以「攬雀尾」為例，說明意存在於太極拳的動作之中，不論陰動和陽動，意始終在掌中起著重要的作用，不陰不陽不成其為太極拳。可以肯定行功盤拳用意不用力，是非常準確的拳法。

用意不用力是近一二百年來先賢宗師不斷在實踐中演練、從實踐中得出來的真知，是真理性拳藝。在拳場上多見剛踏入拳場的初學者，還有不少資深的練家，練來練去內功不上身。他們操作準確，沒有不規範的缺陷，究其因是在把握「用意不用力」的方法不夠準確。就因為不準確，所以周身鬆不下來，內功不上身。而最重要的原因還是對「動意」和「意念」兩者區分不清。

拳齡淺的朋友難以將動意和意念分清楚，動意是意念，意念也是動意，結果僅留下動意。練拳操作中，意不要大，也無須過重。想得過多，拳也無法練下去。

動意是什麼？是僵，是緊。太極拳的拳理拳法是鬆柔、輕靈，在習練中漸漸退去周身本力，從而使身心內外雙修，達到周身全體透空的境界。相反，僵緊的終極是周身各個關節「焊死」，肌肉緊張，心態急躁，練來練去周身不放鬆，盲練一場白搭功。

筆者認為，初學者或練拳多年尚未把握「用意不用力」的練家，不要刻意去用意行功，鬆著練，瀟瀟灑灑，在有意無意間行拳，也許會收到意想不到的效果。

## 三、意識和潛意識

意識和潛意識是一個問題的兩個方面，原是分為兩個問題敘述，為了說理方便，故將二者同時加以闡述。

意識和潛意識都是潛藏在人體內部的聰明和才智，或者說是人的精神和靈氣。人們經常說××心靈手巧，這個「心靈」是不是能稱為意識，人體中還有更「心靈」的東西，它們潛藏得很深很深。人們平時的行為，諸如吃、喝、行走、勞動、工作、寫字、創新技術、造房子等等，都是以意識支配著。潛意識是埋藏在心中很深很深的一種理想。一般說，潛意識很難從內心表露出來，但它存在。意識和潛意識是人體中無窮的力量。胸無大志的人，他的內心深處沒有遠大的理想，或者說只是滿足現狀。

偉人、科學家、創造發明家等等大事業的成就者，他們的意識和潛意識裡有人生大目標。近代孫中山先生，自幼胸懷大志要推翻清王朝，歷經磨難，什麼艱難也打不垮他的意志，最終葬送了封建帝制，建立了共和制。偉人毛澤東在讀書時，便立志推翻壓在中國人民頭上的三座大山，建立真正人民當家作主的民主政權，他的理想實現了。還有大批科學家在幼小的心靈裡埋下創造發明的種子，所以，幼芽才能成長為參天大樹。但偉人們和創造發明家們身上都有一個共同的東西，是他們巧妙運用自身潛意識的無窮力量，完成自己的理想和事業。

從偉人和創造發明家的偉大業績來說明，意識和潛意識有難以估量的威力。我們是不是也應該具備意識和潛意識呢，回答應該是肯定的。一般習練者以健體強身為樂趣，而太極拳深研者必須具備太極拳規律的意識和潛意識，否則難以成功。

動意、意念、意識如何區分呢？動意，意大意重有悖太極拳的輕靈，太極拳人絕對不能拳中帶動意。意念是對的，「是用意，不是用勁」，練太極拳行功本應用意不用力。「用意，不是用勁」拳理，蘊涵著豐富的哲理，又有它深刻厚重的拳法內含。朋友們在用意和動意之間難以把握，資深同道也說動意和意念很難擇開。分不開意念和動意，在習練時可少用或根本放棄運用意念，灑灑脫脫、鬆鬆柔柔修練已經很好。

意識不同於動意和意念，如果一定要把三者區分開來，是輕靈、存在決定意識，這是太極拳哲學，可以解釋為意識是有意無意之間。修練太極拳放棄意念，循拳之規律修大道，道法自然。當今練太極拳者眾，但絕大多數以力行功，屈伸進退，過多用力，初學者以為太極拳就是用力練。我們年輕時學練太極拳，京城名師都談論練拳不要用力，要放鬆。陳、楊、武、吳、孫式等幾個大群體練拳，多以鬆柔、圓活、輕靈習練。

現在力練太極拳的人比較多，破壞了鬆柔太極拳習練場的氛圍，自己練自己的，憑個人對太極拳的感覺行功，喜歡怎麼練就怎麼練。教材不統一，練拳不規範，不是循太極拳的規律，真正是跟著感覺走。究其原因，初學者在潛意識並沒有埋下太極拳輕靈、鬆柔、鬆空的種子。

資深拳家要引導初學者改變思維更新觀念，重新認識、理解太極拳。看多了力練太極拳，特別在太極拳推手競賽會上，力大者獲勝，初學者認識太極拳就有了力練的印象，潛意識深深埋伏下力練、力推的萌芽，再讓他鬆柔習練太極拳，有一種無形的排斥。

意識在人體中能量是微小的，而潛意識的能量超出人的本能。要看載體主人是不是善於運用本身的巨大潛在能量。修練太極拳的過程中，習練者要有無為而不為的灑脫，還要有鬆柔練的意識，不去主動進攻他人，不去爭強鬥勝的潛意識深藏於內心世界，循規蹈矩是有希望得到內功的，潛意識的巨大能量是可能開發出來的。

# 第十三節　太極拳的內涵

太極拳雖然列入武術之中，但是，太極拳頑強地保留著自己的特性，也就是保留她豐富的內涵。內涵是大道，大道不是空的，也不是高深莫測的理論，大道全憑拳中求，悟中得。太極拳人不走進拳的內涵，不去把握太極拳的特性，難以深入進去了解她，更難以得到內功。因為習練者的思維觀念不改變，視角不對，就無法聚焦她的博大精深之內涵。

太極拳的特性和內涵是什麼呢？首先應從陰陽變化進入太極拳的內功修練。習練太極拳要舉動輕靈，用意不用力，陰陽變轉，方向方位，動分虛實，安舒中正，動靜開合，以意行功，空腰鬆胯，鬆肩垂肘，手腳結合，展指舒腕，腳虛鬆趾，沒有踝腕，空手輕扶，溜臀裹襠，虛實漸變，勿有力點，心腦不接等等。

## 一、陰陽變化

凡深研太極拳者都視王宗岳宗師的《太極拳論》為太極

拳修練之本。拳論說得極為明白，「陰陽為母，動靜之機」。你練太極拳，只要動，便有陰陽。不動，在靜止的狀態下，陰陽沒有消失，仍處於陰陽相濟之中。

動是絕對的，靜止不動是相對的，不動僅僅是表現在形體上，被人看到，他是一個不動人體，但外靜內動，「靜中寓動動猶靜」，外靜內動，內動外靜，動靜相兼。地球分秒都在轉動，人隨地球一秒鐘也不能停息，完全靜止是不可能的。王宗岳在《太極拳論》中又說：「陰不離陽，陽不離陰，陰陽相濟。」

「陰陽相濟」在技擊運用中是相當普遍的，在懂勁的高手中，是自由把握的技藝。如對方攻來，長手已觸到較技對方的手、臂或身上，接住對方手，並不在外形上有躲、閃、支、化等動作，外形上仍安靜地站立不動，而在接觸點上，已經柔化開對方的進攻的力點。一進一化僅僅是在瞬間的微觀陰陽變化中解決的，從宏觀上是看不見的，這是太極拳的絕學。陰陽變化是在不動聲色、外形難以觀察到的接觸點中進行的。

人們大都有一種心態，欲試試手，將對手打出去，這才是高手。在這些朋友的思維中仍以勝敗論英雄。當然，武術姓武，以武會友，以武論英雄。但是，太極拳不是這樣的，真正懂得太極拳、修練到最高境界的太極大師，不以武論高低，而以養生為快樂，研修太極拳的陰陽學說，以「無形無象」「全體透空」，以「延年益壽」為極大樂趣，「不徒作技藝之末」。

豎看歷史，威震神州、名聲顯赫的大師，壽命活過八十歲的幾乎沒有。原因是硬碰硬，不是以陰陽運化者，過早地傷及了自身。當然，人的壽命是多因素的綜合，但技擊發力打人不能不是誘因。

吳式太極拳高壽者不是個別現象，而是一個群體，上海的名家馬岳梁 98 歲，吳英華 91 歲離世，北京的吳圖南 105 歲，楊禹廷 96 歲仙逝。馬岳梁和楊禹廷一南一北，技擊打人的故事似乎不多，可見他們修練太極拳已經進入較高的境界，他們修的是大道。

## 二、舉動輕靈

武禹襄大師在《十三勢行功心解》中，有「一舉動，周身俱要輕靈」的絕句。舉動輕靈，是太極拳習練者必須遵循的功夫。舉動輕靈的反面，是身滯、呆象、拙力、散亂等不規範的舉動。

太極拳修練要求輕靈，從字面上看，輕靈似乎便於把握，其實，操作起來是很有難度的。不是手上不能輕靈，而是周身上下不協調，肩緊肘翻腕有力，造成手不輕靈。動作輕靈不輕靈，絕不是一個部位的功夫，而是綜合功力。

在初始習練時，教練將在練拳中應該注意的事項都一一交待清楚。但是初學者並不知道「舉動輕靈」對規範太極拳動作是必修的課程，也許並沒有引起足夠的重視，手上帶力練拳，便走上習練太極拳的彎路，埋下「學拳容易改拳難」的苦惱。

筆者起初也是想急急忙忙把一套拳練下來，然後自己慢慢去練。很快學會 83 式拳，但越練越跟拳論對不上號。對拳有所認識和理解之後，放慢了練拳的速度，後來乾脆停下來不練，再從太極起勢重學，經歷一次改拳之苦，走過了一段不大不小的彎路。

我有一位高級知識分子的老拳友，50 年代從學楊禹廷大師，練拳半個世紀了，學練五十年，改拳五十載，至今還有許多問題解決不了。還有一位年近古稀的老拳友，60 年代曾在京接受過楊老師的點撥，後離京去外地。來京見面後，仍力不離身，帶來一大堆困惑。

內功上身，退去本力其實難也不難，如果把握住太極拳的規律，以鬆、柔、圓、輕、緩行拳，在練拳時輕鬆、慢緩、虛靈，平心靜氣，不急不躁，身心會有奇妙的變化。舉動輕靈在身體內外起變化之後，你便養成了舉動輕靈的習慣。如此修練下去，本力將慢慢退去，內功將悄悄上身。

從修練太極拳內功而言，「舉動輕靈」仍然不是上乘的拳法，手上仍然不是最高境界。最高境界舉動輕靈的手，完全退去了本力的「妙手空空」，其根在腳「形於手指」，進而提升到周身無處不虛靈的「全體透空」之境界。但是，練拳必須有舉動輕靈的漫長過程。

## 三、用意不用力

習練太極拳純以意行，不去用力練拳。太極拳行功時，習練者應該從腳到手的九大關節必須鬆開，以及臀、胸等十個部位要一一鬆空，「九鬆十要一虛靈」的身形，以利於內外雙修。

修練太極拳的目的是健體強身，習練中對博大精深的太極拳的拳理拳法可進一步深研。在深研的過程中，對太極拳的認識和理解有了深一層的認識。太極拳是以陰陽為母，動之則分，分陰陽之拳，拳之靈魂，是鬆柔，深層次的修練達到鬆空，甚而鬆無，直至「全體透空」的最高境界。還有的拳家，主張脫胎換骨，周身鬆空到「虛空粉碎」。

修練太極拳到此境界，絕對不是用力練出來的功夫，是以意行拳，不是用力。練拳不用力，還要在修練中退去本力，一定要有一種操作方法，比力練更便於把握、比力練更科學的練拳法。

用意不用力，不是先賢練家造出來的拳法，而是根據太極拳輕慢圓活，行雲流水般地衍生出來的科學練法。三豐祖師遺訓：「欲天下豪傑延年益壽，不徒作技藝之末。」基於太極拳修練的功能性和特殊性，行拳鬆、柔、圓、輕、緩的特性把握，自然採取「用意不用力」的訓練拳法。只有意行，方有可能漸漸退去人體中的本力，使體內六陰六陽經絡暢通，血液循環系統以及微循環通暢無阻。

實踐證明，修練太極拳以力行功有悖拳論，有悖老子「道法自然」的警示。只有意行可以放鬆周身，說意和鬆是「雙胞胎」並不為過。

習練太極拳時，用意練拳並不難，首先，要讀有關太極拳的拳論、拳訣及先賢的理論著作，看太極大師是如何講太極拳理論的。如果習練者想從太極拳習練中，學會防身之術，又可以打擊來犯者，你一定要失望。奉勸你去練長拳短打、摔跤、擒拿術，短期內可以有效，太極拳是不可能在短期練出高功夫的。

深研太極拳，以意練太極拳，越練越能體會出拳之「味道」。在這裡還必須指出，以意行拳取得一些進展之後，在用意的基礎上，意行越淡越好，千萬不可加重意念。有人說東方文化神秘難求，難以理解。不理解當然難求，但有規律可尋，有一個嚴格區分的度。這個「度」應該是無過不及。不及是不達標，過了，意大變成動意，動意是主動，主動是力不是意。

修練者要用心去體悟，把握適當的度，這個度可稱為大道。中道、小道行不行，不可。「大道以虛靜為本」（丹經）。老子不止一次告誡後人，「大道甚夷，行於大道，千里之行，始於足下」。

## 四、陰陽互抱太極圖

王宗岳在《太極拳論》中，刻意提到「動之則分」，分什麼，分陰陽。「陰不離陽，陽不離陰，陰陽相濟」，陰陽相濟的直觀教具是神秘的太極圖（圖3）。

圖3

太極圖最能反映太極拳的本質，研習太極拳不理解太極圖，心裡沒有太極圖，不管你練多少年，練的仍然是無陰無陽、乾巴巴的套路。太極拳以陰陽為母，鬆柔為拳之魂。不論你是什麼式的傳人，你練的套路沒有陰陽便沒有靈魂。

請注意，黑魚（陰）、白魚（陽）互抱不離，首尾銜接，正是陰陽相濟，而黑魚的白眼睛，白魚的黑眼睛，驗證陰不離陽，陽不離陰的陰陽相濟，陰中有陽，陽中育陰的深層拳理。周身上下無處不陰陽，我們每個人均有陰陽兩個頂。太極拳人在修練中時刻有太極在身、在手、在腳，動則陰陽，靜有陰陽。

具備太極身形的基本條件後，須循太極拳規律，規範自己的拳式，遵太極陰陽學說去修練，在練中去悟太極圖在拳藝活動中的運用。揭示太極圖的真諦容易，但是，把握和運用很難，達不到一定的境界很難做到。

太極圖的運用是很科學的，屬於內功的範疇。太極拳不論哪家流派，也不論十幾式，幾十式，百餘式，均由一陰一陽的動作組成。各家、各派拳理相同，拳法有異，但總也離不開太極圖。

拳之動作似圖中的陰陽魚互抱，陰動的起點，是陽動的止點，陽動的起點，是陰動的止點，首尾相接，循環往返，旋轉不停。你練不練拳，陰陽在人體中往返輪迴陽顯陰隱，陰顯陽隱是自然規律，生生不息，不可改變和逆轉。

技擊的原則之一，是靜中制動；之二是接點不接面，打點不打面；之三是打虛不打實，避實就虛一舉成功。對方弓步雙手力按前臂，以常人的視角，站立者是優勢，雙手力按更為優勢，雙手力按對方前臂絕對操勝券。改變思維和改變視角，以太極拳人的太極陰陽學說為本源，以太極思維、太極視角觀察，站力按者是劣勢，坐被按者為優勢。

太極拳的拳理拳法為「彼不動，己不動」，不去主動進攻他人，以靜待動。對方首先犯主動進攻之忌，破壞了自身「以靜待動」的陰陽平衡。太極拳技擊最忌用力，以力進攻對方也是大忌。

被按者坐以靜待動，心、神、意、氣安靜之極，這是太極拳的高境界，伴以安舒中正，上下四肢靜待對方攻入。對方力按攻來，雙手兩腳為四個力點，雙肩是兩個支點。被按者欲抬起前臂解困，最忌有動意。

動意是想抬前臂，動意是力，有動意前臂便充滿本力，是以力相接對方的按力，力接力，後者定要失敗無疑。己應放鬆全身，從腳至頂九大關節要依次鬆開，這是請來太極圖協助解困。被按之前臂此時是一條陰勢的黑魚，陰為隱。對方為陽勢白魚，陽為顯，來勢洶洶力按，被按的前臂隱去一切力，從內部化去對方來力，使對方按空。在按空的瞬間，對方的雙腳蹬地的力點沒有了，也就是蹬空了，按空了，四個力點均為空鬆點，按不上力，失去了戰鬥力，雙肩的支點也失去後續之力。被按者此時抓住戰機，輕鬆而起，怎麼個起法，學問很深。

起時，首先不要有動意，周身上下不要主動和妄動，心、神、意、氣要安靜，要極為安靜，此時仍然不能起動。雙手力按者的身軀內外，上下四肢是白魚，陽顯露於外，己的被按之前臂此時是黑魚，為陰，處於鬆柔、鬆空和鬆無的狀態。即為《授秘歌》訣中所示，即「無形無象，全體透空」。

黑魚為陰為隱，前臂雖在，但勁力沒有了，一是鬆於腳下，一是收斂入骨。按者按空，雙手、兩腳沒有了力點。在起前臂之時，運用太極技擊接點不接面，打點不打面的原理。黑魚的白眼為陽，僅僅是一個點，以此陽魚擊之。對方按上黑魚，黑魚為陰為空，白眼睛為陽，以此點（白眼）擊之。不要用力，因為按者腳下已無根基，以意打之，以神攻之，對方難逃失敗。

當然，太極拳講究內外雙修，絕對不是每一個部位的功夫。在運用陰陽變化內功時，也絕不是對方攻擊哪個部位，就在哪個部位運用陰陽柔化，去解決困境。

太極拳是綜合功夫，是內求心、神、意、氣的安靜，是從腳到頂的踝、膝、胯、腰、肩、肘、腕、手等九大關節的放鬆，同時手指和腳趾的54個小關節也應放鬆，以及臀、小腹、胸腹、背、頸、腹股溝、胸窩等部位都應一一放鬆，身心內外、肌肉間及骨骼縫隙間也不留存一點力，成為太極空鬆體。

太極拳對人體適應性是不是要求過高呢？不是！太極拳的品格是陰陽變轉，舉動輕靈，神意氣要絕對的安靜，身上退去本力，外示安舒，對人體所有看得見摸得著的部位都應該淨，極為乾淨。不乾不淨，力與陰陽混在一起，身上什麼功也進不去。

人是太極拳內功之載體，太極拳要求修練此功夫的人，要循太極拳的規律，循規蹈矩。天長日久，反反覆覆遵照太極拳的規範行功，漸漸將拙力、本力退去，太極內功慢慢進入體內。像你租到一套房子，對方將屋內家具搬光騰出變成空房子你方可進入。

依此理，你身上的拙力、本力擋住人體的「大門」，太極內功怎麼進入？人體退去本力，太極內功占據人體的主導地位，真正成為人體的主人，自由運用太極圖才是可能的，否則難以運用陰陽太極圖。

這是順太極拳之自然，這是拳理，不認這個死理就難以功成。

## 五、動分陰陽（虛實漸變）

王宗岳在《太極拳論》中云：「陰陽之母，動靜之機也。動之則分，靜之則和。」

動之則分是太極拳之規律，是讓從學者動分虛實，沒有虛實，抽去了太極拳的特性，就不成其為太極拳。太極拳有自己的品格和特性，她的品格是「太極者，無極而生、陰陽之母。」她的屬性是武術，她的訓練方法又不同於武術各兄弟拳種。

各類拳種多以剛猛入手，表現英武剛烈，而太極拳以鬆柔為訓練的起點，行功鬆、柔、圓、輕、緩，以輕慢行功，似行雲流水。始終將「鬆」字放在拳的起步，而鬆柔訓練貫串拳的整體修練之中。在訓練的過程中是退去本力，增長鬆柔功夫。如果列出公式：即為鬆柔訓練——過程——退去本力——內功上身，這是一個長過程。

此時，教師教導學生，在動作與動作的銜接處，或是一個動作完成，將要作下一個動作時，要分出虛實，虛實即陰陽。動作分清虛實並不是初學者自己分的，是師長按照太極拳陰陽學說的規律，將一套拳按照多少個式，一個式中有多少個動作，進行拳結構分析和陰陽剖析，將動作按屈伸、上下、左顧右盼，分出陰動和陽動。如此訓練，陰動的起點，是陽動的止點，而陽動的起點，則是陰動的止點。這一規律，自然顯現在習練者的面前。你要循拳之規律，規範行功，動分虛實。

有的拳套路，只有多少式，而式裡不分動作一二三四，只能自己在熟練把握拳的套路之後，遵照拳理再分虛實，這樣要走一段彎路。

虛實的區分，可分為上肢、下肢兩個部分。上肢左右雙臂（或稱手），左手虛右手實，右手虛左手實。下肢（或稱腳）左腳虛右腳實，左右手和左右腳都隨時互換虛實。有的式子，或稱勢子，單腳變換虛實，單手也有變換虛實的勢子。拳藝有一定造詣之後，單手虛實變換，單腳動分虛實並不難把握。在太極拳的拳式中，單手、單腳虛實變換的動作並不多。吳式太極拳「抱虎歸山」的第二動和第三動均為右腳重心，「手揮琵琶」的第一二兩動重心都在左腳，在一隻腳上變動陰陽是很絕妙的。

虛實變轉的操作為先減後加的減加法。人正常走路時，兩腳重心的轉換是減加法，這是很自然的先天自然之能，是不帶任何技術性的。

有些練拳人，走路時很自然，很正常，而練拳中，兩腳重心的變轉竟為先加後減，虛腳轉換為實腳時，先挪動身形，然後弓膝再鬆後實腳突然變虛。此種練法，有悖自然，顯得機械、刻板。虛實變轉時前後先弓步再減重心腿，關節僵緊難以鬆弛。此種練法，所有勢子都走不開，退去本力是困難的，太極內功難以進入體內。

動分虛實，虛實和變轉是聯繫緊密的拳法，手腳的動分虛實是相同的。手分虛實手，在變轉時，同樣是先減後加的減加法。

如「左抱七星」，一動陰，左手實手在前，拇指遙對鼻尖；二動陽，右手打擠，左手漸鬆，掌心斜上漸向內，鬆；右手掌心向外，擠，由虛漸變實。虛右手實左手時要注意漸變，實手變虛手時，從 9 減到 1，虛手從 0 加到 9 時，瞬間右手虛淨，左手實足，千萬不可大意。在虛實手陰陽變換時，像士兵換崗接班，崗上沒有空隙。有空隙對方便乘隙而入，隙是凹，你凹對方當然填實。所以《十三勢歌訣》唱道：「變轉虛實須留意」，這是拳之真諦。

動分虛實是太極拳的拳理拳法，違背不得。打拳、推手、技擊活動均不能離開「動分虛實」，動不分虛實就是抹去太極拳的特性。

動分虛實，不是哪家哪派拳師創意編造出來的。虛實是太極拳陰陽學說的規律，是拳在運行中自然顯現出來的。不論你是否明白拳之陰陽，陰陽總是存在的，陰陽也在你的拳中變化，只因你還沒有掌握它。

動分虛實表現在太極拳的全部活動，當然也包括推手和技擊。有拳家將推手、技擊定為藝術，高級藝術。從拳藝的根本來講，推手、技擊在進行過程中，變化多端、快似打閃穿針，快歸快，但動分虛實不能忽略。只要你練太極拳，動分虛實是規矩，離開規矩什麼事也做不成。太極拳技藝比任何拳種更為強調虛實。拳論說得好：「虛實宜分清楚，一處有一處虛實，處處總此一虛實。」練家在行拳操作時定要注意分清虛實，這是太極拳特性所決定的。

還有一個重要拳法要著重提請練家注意，動分虛實，如何分呢？簡明地說，虛實變轉的操作取減加法。有朋友說：「減加法是虛實變化時先減後加，知道，知道。」但知道不等於明白，明白不等於會操作。一種上乘的拳法要經常講，反覆講，反反覆覆講，有可能會引起重視，還要手把手教，要聽勁，老師餵勁不斷指導，能操作，不會走彎路。

先減後加陰陽變轉的首要條件是，操練者在行拳時採取單腿重心的立柱式身形。單腿重心，顧名思義，是全身的支撐力放在一條腿上是實腿。不支撐身體重量的腿不著力，稱為虛腿，統稱為虛實腳。太極拳的術語叫實腳要實足，虛腳要虛淨。實腳為 10，實腳轉變為虛時，應從 10 逐漸減為 9、8、7、6、5、4、3、2、1，實腳完全沒有了支撐力，變為 0。虛腳為 0，在實腳減少支撐力的同時，從 0 逐漸加為 1、2、3、4、5、6、7、8、9、10，虛腳從 0 變轉為 10，成為支撐全身重量的實腳。注意，膝不著力，免於傷膝。腳下單重變為雙重，雙重變單重也是如此操作。

虛實轉變為漸變，手上虛實轉變也是如此操作。

筆者到安徽省某市指導學生，主要從陰陽變化中去講解推手、技擊中的動分陰陽的操作。拳友陳先生是習練陳式太極拳的，喜愛推手，是當地技擊高手。他聞風而至，希望在

圖4

圖5

動分陰陽拳法中受到啟迪。

我請對方過招。同時請一位業餘攝影師用普通相機，200＃膠片拍攝，留下瞬間的友情接觸。

**圖4**：對方雙手撲來，我以雙手接對方的雙手，但左手實（陽），右手虛接（陰），使對方左半身失重向左倒去。此時我實右手，虛左手。

**圖5**：我右虛手（陰）變為實手（陽），對方左手扶到有力的手臂，身形站立起來似乎起死回生。

**圖6**：對方還沒有站直身形舒服幾秒鐘，我方虛左手（陰），對方左半身失重，急向右側歪去。

**圖7**：我方再虛右手（陰），順勢將意念放在對方右側身後，對方加速向右歪去。

**圖8**：為了友誼不傷人，右手加一點力（陽），送對方

圖 6

圖 7

圖 8

圖 9

向大雙人木椅歪斜。

圖 9：我方右手逐漸鬆成為虛空（陰）之手，希望對方

圖 10

更深層的體驗虛空的「味道」。

此時，對方的重心沒有了，完全被我方控制。

**圖 10：**視木椅距離合適，我方左側空，右手意念向木椅，此是用意，不是用力，對方翻身坐在木椅上，全過程大約不到一分鐘。

這是動分陰陽的推手藝術，對方出力撲來勁足，我方以陰陽變化鬆空對方來力，動分陰陽從左至右，又從右向左，以陰虛引使其落空，逐漸失去重心，被我控制而失敗。

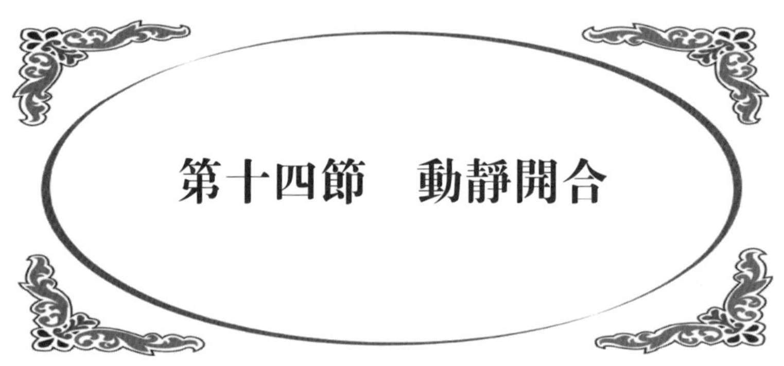

# 第十四節　動靜開合

太極拳門派林立，一個老師一種傳授法。雖然都宗王宗岳的《太極拳論》，但理解不同，練法各異。

有的拳家以左右掌掌心相對，又左右外分取開合式。左右掌開合有道理，從雙手動作上表示開合，容易被人接受，但內涵難以把握。從太極內功講，開合應該在腰間。「主宰於腰」「腰為纛」「腰為軸」。如果開合置於雙手，動作嫌大了些，開合要在一瞬間去完成。

## 一、拳中的開合

開合在太極拳拳藝中占主導作用，是拳中之帥，是拳之軸，也可以說是拳之魂。練拳沒有開合，兩條腿是兩根柱子，兩臂似兩根棍子，腰上一塊板，無鬆柔，沒有開合，還練什麼太極拳呢。

《太極拳論》中的「主宰於腰」，不是動作中以腰帶動四肢和身形的動作，而是腰間反映的開合。凡深研太極拳者必須研修腰的開合，不懂開合難以達到神明境界。有些朋友練拳時練一遍收勢走人，這是一般鍛鍊身體，如果深研是難以達到要求的。怎樣修練開合呢？

習練太極拳要明陰陽，陰動就是陰動，陽動就是陽動，每個動作陰陽不可馬虎。動作要到位，陰動的止點是陽動的起點，在陰陽動的變化之處要到位。拳論明示，變轉虛（陰）實（陽）須留意，不得馬虎，不能瞞天過海，不但知其然，還要知其所以然。

在第一個動作完成轉變第二個動作時，瞬間鬆一次腰，這個鬆腰就是「開合」。在上下動相接轉變陰陽時，鬆一次腰是很易於操作的。

鬆腰是不是開合呢？是也不是。開合便是鬆腰，開合的鬆腰和一般練拳鬆腰有質的不同。練拳時鬆腰是開合的準備。拳套路動與動之間以鬆腰銜接是「練功」，是開合內功的準備。日久，鬆腰動作熟練再進一步習練腰間的開合內功。鬆腰功到動與動自然轉變階段，再與溜臀結合在同一時間動作。這兩個動作熟練且能配合一致之後，脊椎要節節向上鬆拔，開合內功便顯現出來。

## 二、推手中的開合

把握拳中的開合之後，再與對方較技，你很自然手握勝券。

當前社會上推手活動，本力加技巧的、生硬推拉的，各種推法都有。在太極推手比賽的競技場上，雙方也是勁力相推，推出去便得分為勝，這是現代版的太極推手。

前幾年，一位當紅的太極拳家被一後學按在椅子上動彈不得，向老師請教如何解脫困境，這位老師也弄不明白為什麼被人按在椅子上不能解脫。其實，技擊、推手不是比勝負而是比內功，也就是比開合。誰開合的動作小，不被對方察覺，就說明他內功雄厚，太極功夫高深。《太極拳論》說得明白，「人不知我，我獨知人。英雄所向無敵。」這句拳經字數不多，恰恰說明太極內功的實質。只有具有內功開合的人，可以達到「人不知我，我獨知人」的境界。前面講的被困在坐椅中的那位練家，肯定是板腰，未能掌握開合內功，否則沒有不能解困的尷尬。

腰是人的中心，開合是變動自己的中心不受人制，有動靜開合內功的拳家的「中」從來都是深藏於內的，絕對不可能暴露於外，推手、技擊也不會以腰帶身軀、四肢，腰被對方抓到是很危險的。「腰沒有鬆開，未悟道開合」，千萬不可與人推手較技。經常出力，手的陰陽被破壞，再練「空手」是困難的。練拳、推手一個道理，每個動與動之間一定要鬆腰，這是動靜開合。動也開合，靜也開合。較技在與人接手之前，自己已經規範好自己了。

所謂規範好自己，是從下往上放鬆腳、踝、膝、胯、腰、肩、肘、腕、手九大關節，心、神、意、氣安靜下來，臀、襠等部位都應一一放鬆，應以無極狀態將自己規範好。推手與人相接，把握「四梢空接手」，周身鬆，腰部開合以待，接手不會遇到不可解脫的困境。

動靜開合在拳和推手中的運用一目了然，武派太極大師李亦畬關於開合的論述如下：

「練氣歸神，氣勢騰挪，精神貫注，開合有致，虛實清楚。虛實全然無力，氣勢要有騰挪。緊要全在胸中、腰間運化，不在外面。氣向下沉，由兩肩收於脊骨，注於腰間，此氣之由上往下也，謂之合。由腰形於脊骨，布於兩膊，施於手指，此氣之由下而上也，謂之開。合便是收，開即是放。懂得開合，便知陰陽，到此地位，功用一日，技精一籌，漸至從心所欲，無不如意矣。」

「收便是合，放便是開，靜則俱靜。靜是合，合中寓開。動則俱動，動是開，開中寓合。要於陰陽開合中求之。所謂知己知彼，百戰百勝也。」

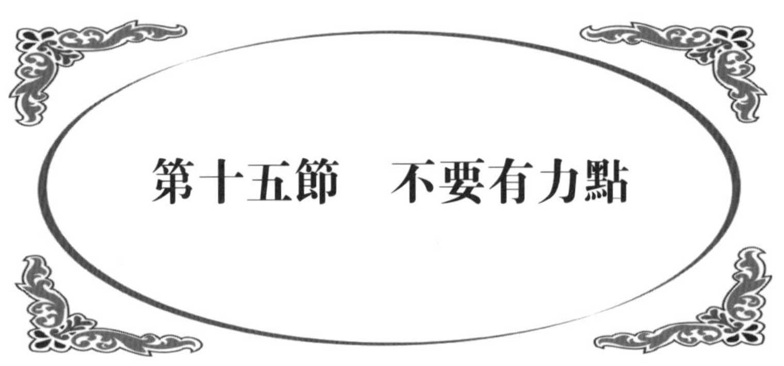

# 第十五節　不要有力點

習練傳統太極拳若干年之後，對拳理拳法有所悟得。將原來練拳健身的樸素修為，向高層次深研。欲進一步探討太極內功，碰到第一個難點就是力。

通常人的體內有兩種力，拙力和本力。其實，拙力也是本力，拙力比本力更為笨拙。

太極拳修練者將力稱為「勁」。「勁」是太極拳的術語，內涵陰陽變轉的陰陽相濟之內功，勁和力不是一個意思。具體剖析習練者肢體各部位的力，腰是板板的，胳臂似棍子，周身勁力充足。練太極拳多年，如果手、手腕、胳臂上都充滿力，就與太極拳內功的要求相差甚遠，要在練拳的過程中漸漸退掉本力。周身充滿勁力，對血液流暢，微細血管循環流動有影響，對氣道和十四經脈的通暢不利，與鍛鍊身體者健體、養生的追求相悖。

所以，凡習練太極拳者不能不在退去周身本力的修練中循太極拳的特性，按太極拳的規範下工夫。

習練太極拳，欲向拳道的深層次發展，遇到最大的障礙是自身本力的挑戰，是周身內外上下僵緊，本力影響太極拳的輕靈用功，擺在研習者面前的課題是如何克服本力的障礙。太極拳講究體用結合，練拳、推手、技擊碰到的是力，術語稱為力點，退去本力是挑戰自我。

不研究自身的力和力點，很難向深層修練。同時，也要研究推手、技擊中對方的力點。自身的力點不退去，就無法化解對方進攻的力點。雙方的力與力膠合在一起，雙方都不能脫離、化解對方進攻之力。雙方都失去了太極拳「舉動輕靈」「陰陽變動」「動靜虛實」的特性，此時此刻很難說是「太極」推手，因為雙方都是以力攻擊。

## 一、關於力點

太極拳修練者首先要弄明白什麼是力點。所謂力點，是雙方接觸的部位，稱為「接觸點」。雙方在接觸的一剎那，感覺到對方有力，這就是力點。

力點有大有小。以手指觸及對方，力點表現和手指一樣大，如果以手掌推在對方肢體上，這個力點就有手掌大。自家練拳時不與對方相接觸有力點嗎？有！但是，初學者在練拳時很難察覺自身的力點。

在一般情況下，學生在練拳，他很認真地做著每個動作，當提醒他不要用力，他會回答：「我沒用力。」對於初學者，講明白拳理，他會在練中慢慢體悟。個人不知周身在用力，當與對方的肢體接觸時，會強烈地感覺到雙方接觸的部位互相以強力抵抗著，力點就顯現出來了。

具有初乘功夫的人，周身肢體內外本力還沒有退去。當對方的手觸及自家的肢體，或自己的手觸摸到對方的身體的某一部位時，第一感覺是遇到對方的強勁反抗。這種反抗，是力量在接觸點上的抵抗。太極拳拳理拳法的理論，是不準抵抗對方的進攻。拳論明示：「捨己從人，引進落空。」這是太極拳的奇妙之處。

太極拳習練者的肢體有力點是正常的現象。如果練拳多年，肢體上仍然佈滿力點，摸到哪個部位，哪個部位有十分堅硬的力點擋住你的手，這便證明，他多年習練太極拳效果甚微，要找一找教學上的毛病。主要原因，對太極拳的拳理拳法沒有吃透，不理解太極拳的特性，僅僅是以武術的共性進行習練。

習練太極拳，從打拳到盤拳，從動作有力到用意不用力，從以本力抬手提足到舉動輕靈。修練太極拳是一個長過程，有多長，要看修練者的悟性以及對太極拳的認識和理解而定。也許很短，也許很長很長，但過程是很珍貴的。

## 二、退去力點

退去力點，並不容易。怎樣退去力點？應該認真研究一番。

人從降生就會伸臂蹬足，幾個月以後，會翻身爬坐，這些人類初級動作也是用力支配行動。隨年齡長大，周身的力量也在增長，人類活動用力的習慣也形成了。練武之人學練勇武剛猛的拳術，順理成章與人類用力習慣相一致，習練順暢，幾個月、幾年下來成績明顯。但如果練太極拳，麻煩便來了，可以理智地控制速度，也就是慢練，慢練是不難的，再教習練者不用力練，對初學者來講就是困難的。周身先天而來凡動便用力，練太極拳要退去本力，「用意不用力」是很難很難的，這是擺在太極拳習練者面前的第一道難關。

有人提出來「練緊不練鬆」，緊，是僵，是力，練緊很容易，小學生都會練緊，越緊越僵越用力練，這是力的怪圈，多少年也鬆不下來，鑽不出這個怪圈。可是，習練太極拳用意，不用勁力，這是本力和體鬆的矛盾，這一對矛盾是難以調和的，必須退去周身的本力。

太極拳習練者身體有力點，周身內外充滿勁力，幾年幾十年身上的力退之不去，為什麼？

這些朋友是對太極拳理論研究不夠，沒有吃透太極拳的本質。歸根到底，他們在習練太極拳之前，沒有理論準備，上去便練，沒有不出現障礙的。認識太極拳真理不是一次完成的，對拳理要認識再認識，理解再理解，要知拳之特性。「陰陽變化」「舉動輕靈」「用意不用勁」是太極拳的特性，當然，太極拳的特性不止這些，還有諸多特性，從學者會在修練中碰到。

太極拳修練者懂得太極拳藝，不是心理明白，也不是口頭說出來，而是身上明白，或者稱為「體悟」。說到手上的空鬆功夫，陳鑫大師有「妙手空空」之標準。要達到如此功夫，必須具有一雙空鬆的手，不著力的手，手上的本力沒有退去，仍然不是真正懂得太極拳。

武派太極拳大師李亦畬在《四字秘訣》中寫道：「從人不從己，由己仍是從人。由己則滯，從人則活。能從人，手上便有分寸。」此話解析了王宗岳的「捨己從人，引進落空」之句。

經過多年實踐，筆者體驗到肩以下、胯以上的上身在行拳、推手、技擊中不能動，千萬不可主動妄動，一動便破壞了自身的平衡。雙肩是靈活點，兩胯是旋轉點，但上身絕對不能主動和妄動。

太極拳修練者退去身上本力並不難求。首先要靜下心來，學習太極拳的拳理拳法，循拳之規律，規範自己的動作，把握拳之特性，按規矩操作，久之定可成功。

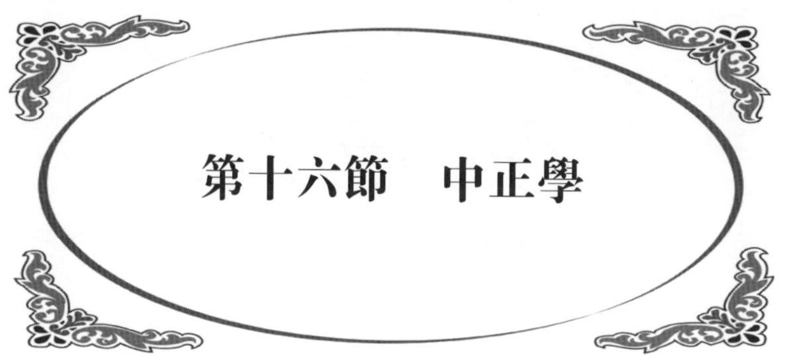

# 第十六節　中正學

中正，在太極拳修練中是十分重要的拳理拳法，以學術進行研究，故稱中正學。中正學是從太極拳習練中身形的中正安舒和安舒中正演繹而來。沒有心、神、意、氣的安舒，難成形體上的外示中正。習練者只有把握中正，在拳的方向、方位的演示中，免於出偏，免於「差之毫厘，謬以千里」。歸根到底，中正學的學問仍然在腳下。

## 一、太極「八方線」

楊禹廷太極拳的重心是單腿（腳）立柱式身形。在盤拳修練時，左腳或右腳重心，腳下是「八門五步十三勢」的中土位，是中心點，也是中定的位置（圖 11）。

在習練中弓步和坐步重心腳均稱實腳，實腳下恰好是中定點，也稱為重心點，重心點的準確位置為足心稍後一點，耳垂直往下，大約褲縫位，上至百會穴，是頂上的陰點。雙

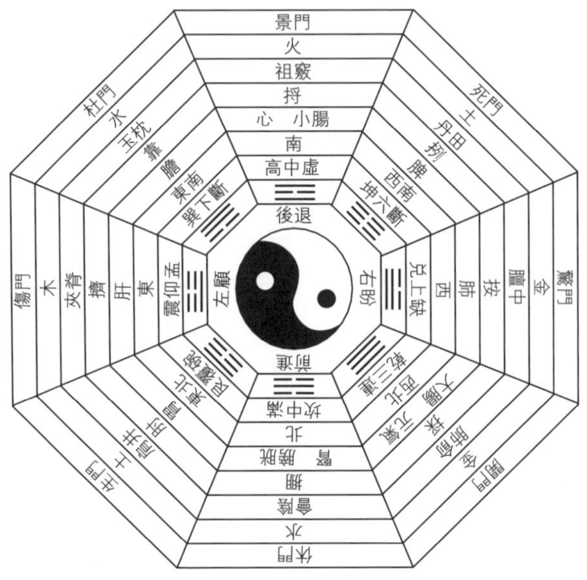


圖 11

重，兩腳在中心點的兩側約一肩寬。太極起勢的第 2、第 3、第 4 動，雙重時間較長以外，凡雙重之步法，像「雲手」「扇通臂」「單鞭」「斜單鞭」等都是過渡步法，稍停即變。全套太極拳單腿立柱式身形是絕對的，雙重是相對過渡步。現將各種步法腳下的準確位置，循中正學理論，以腳下八方線圖詳解如下（圖 12）。

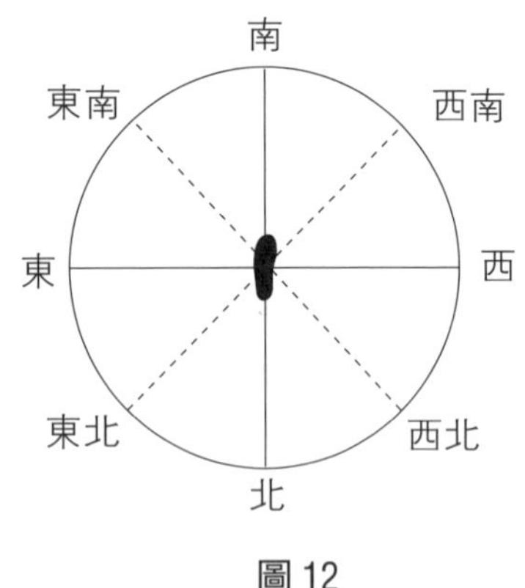


圖 12

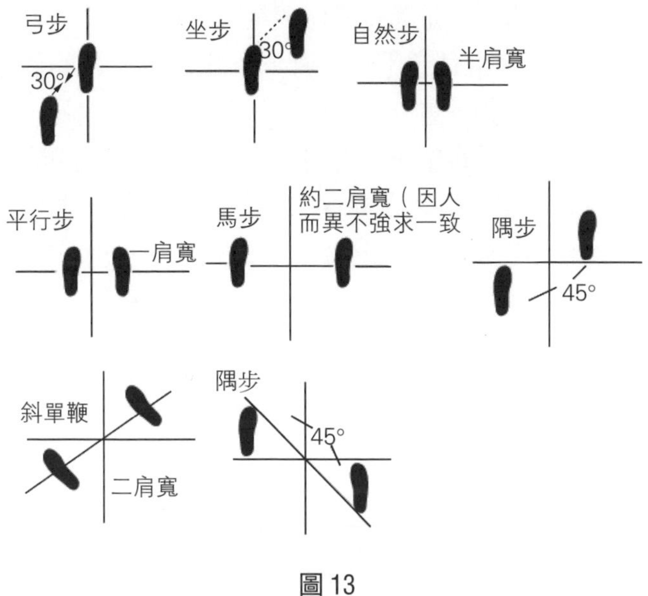


圖 13

八方線圖以中心點分共有八條線，南、西、北、東、東北、西北、東南、西南。八方線術語，南北稱謂正線，東西方位稱為東西正線。東北、西南為隅線，西北、東南為隅線。以線說明步法，在正線上的步暫分為九種步法（圖13）。

在正線或在隅線上的雙腳重心或單腳重心，都屬於中正規範，是準確的步法。在這裡強調，實手亦應在重心腳的線上為標準。沒有實手在一條線上下相隨，身形的中正還是問號。不管什麼式，凡重心腳在兩條正線的某一條線上，或重心腳在隅線，上肢的雙手其中實手必須在實腳上方的線上。此為準確的上下相隨的拳法，是循太極拳規律，符合陰陽之道的中正學。否則便是違規操作，拳勢不正。

拳勢不正，是身形不正，身形不正是重心腳的位置出偏，實手也不在腳下重心腳的線上。落入「差之毫厘」後上身全歪，打出拳偏離中正，方向方位不準確，不是無力就是自己丟失。金庸先生對太極拳的中正學有所悟，他寫道：「安舒為主旨，基本要點是保持自己的重心……重要的是，自己的每一個行動中不能有錯誤缺失，保盈持泰。」（《太極拳講義》「跋」，吳公藻編）。在初入拳場時，學生初學並不知或不甚知太極拳拳藝之內涵，練拳時方位不正，方向不準確，沒有中正可言。

## 二、有正無斜

圈內人常說「斜中寓正」一句話，太極拳的技術書中也有此提法。在太極拳的拳套路中到底有沒有「斜」，要不要「斜中寓正」呢？在太極拳的拳架中沒有斜，也不存在斜中去寓正。

人在太極拳活動中，練拳人在拳架運行中左右實腳隨拳勢的陰陽變動，不管是在左腳還是右腳，實腳始終是立在「八門五步十三勢」的中定位置上，以求得中正安舒拳理拳法的要求。為了達到身形的中正安舒，實腳的位置必須是拳勢的中定位。中定位的檢查，實腳往上直對百會穴，已達到身形的中正安舒。當然習練者真正達到身形的中正，必須先有心、神、意、氣的安舒，後有可能達到身形的中正，安舒是首要的，故稱為「安舒中正」。

習練者在太極拳套路中，身形絕對不應有歪斜之處，身形沒有歪斜也不存在「斜中寓正」。文中介紹「八方線」圖，此圖八個方向、方位一目了然。習練者的實腳在八方線的中心點上，他的四面八方有八條線，即南、北正線，東、西正線，及東北隅線、西南隅線、西北隅線和東南隅線。

一套傳統太極拳從十三勢到一百多勢的套路，一個勢有若干動作，但是，腳下轉來轉去並沒有離開四正四隅八條線，並沒有離開八個方向、方位，怎麼會出現斜位呢？只要習練者自己不歪斜，拳套路是不可能出斜的。

有人會問，隅線位是在東北、西北、東南、西南的方位，方向不是斜的嗎？習練者如果準確無誤地站在隅線位上，他的上下、步法方位是正的，方向也是正的，請你在操作中弄懂拳勢的方向方位。中正是太極拳的核心，一定要把握住。

## 三、鼻為中心

鼻子為太極拳的中心點，先賢沒有說過，書上亦沒有論述，但這不等於不存在，只是沒有悟到。

書上有足尖、膝尖、鼻尖上下三尖相對之說，但未向縱深說理，讀者難以深悟鼻為中心之理。

習練者有「斜中寓正」之議，主要以「倒攆猴」勢說斜。倒攆猴勢是從前往後倒退，勢由弓步（以左弓為例）變右坐步，左實腳變左虛腳，腳尖揚，右手朝東，掌心向東，變掌心向下與左虛腳腳尖上下遙對。此時習練者從左實腳的

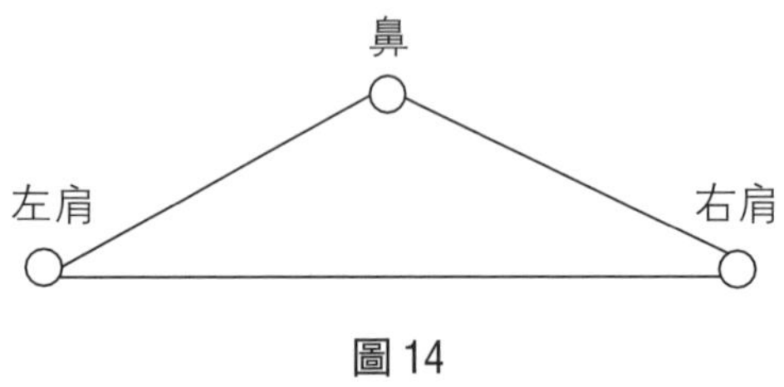


圖 14

弓步變轉為右實腳的坐步，左腳的正線轉變為右腳的正線，右手與左虛線上左腳上揚的腳尖上下相對，從身形上看似乎斜了。但習練者的身形從面東轉向面東北，恰在東北的隅線上，此時身形正體向東北，鼻尖、實手的右手與左腳在一條線上，從拳法講身形仍為中正，不是斜。

楊禹廷傳統 83 式太極拳，83 式分為 326 動，每動都以鼻作為中心點，實腳為重心點，重心點和中心點上下一條線，絕無偏斜之處。同道明白拳法上的中正之理，今後修練不會再出偏斜之誤。手是臂的延伸，臂與肩銜接，兩肩與鼻形成三角形（圖 14）。

習練者的身形始終保持安舒中正狀態，拳勢動作方向、方位的變動，雙肩不歪斜，身形便保持中正。相反，習練者身形歪斜，便無中正可言。身形是否中正要習練者把握雙肩與鼻子的三角狀態，否則身形不可能中正。如二人較技，一方的右手推對方的左肩胸部位，受推一方將左肩胸向後轉去，但他的頭仍面向對方，也就是鼻子留在正面，左肩胸向後轉去，表面看化去對方的推來之力，但中心丟掉了，身形歪斜，已成為敗局。

在拳勢活動和推手較技時，雙肩和鼻的中心位置是不能妄動的，要始終保持身形的中正，不如此太極內功很難上身。在保持身形中正的運動中，實手是鼻的延伸，運動中實手和雙肩保持三角位置是重要的，拳勢分為陰陽實手，整體拳套路與身形中正相合有著十分重要的關係。

在多年修練太極拳的實踐中，有時練罷拳氣順心和很舒服，有時憋氣，身體四肢彆扭上下不協調，收勢後身上很不順暢，這是為什麼呢？後來研究了「八方線」，知道是離開了八方線的八條正隅線。從此，解決了重心的中心點的問題，再練拳上下相隨，內外相合，身上舒服極了。太極拳有生於無。關於鼻子為中正點，書上是沒有理論論述的，這是繼承和發展，符合有生於無的規律。

身形中正在推手、技擊活動中是上乘的身法。與對方較技，身形始終保持中正，進一步講，鼻和雙肩保持準確的距離，從身形上勝對方一籌。如果實手位置準確，中正身形把握準確，勝局基本將在身形中正安舒一方。相反，二人放對，一方身形歪斜無中正可言，在二人相對站立中，不正的身形先輸掉一分，敗局已定。

在太極拳的體練時，實手有利於與雙肩相合成為三角之勢，在操作中便於把握鼻的延伸，實手與雙肩保持著有利的距離。但推手中，實手作為鼻中心的延伸不好把握。練拳時，實手可以與鼻中心高下位置相一致，體用推手時，自己的實手要經常變換，隨對方動而動。實手在隨時變化的動態下和肩的距離、實手的高低不影響與雙肩的中正關係，只要你身形不主動、不妄動便是身形中正。

# 第十七節　聽勁與餵勁

深研太極拳，特別是推手、技擊的拳藝，聽勁是最好的學練內功的手段，而餵勁是老師培養學生具備柔化聽勁能力的最為重要的拳法。

## 一、聽　勁

「聽勁」是太極拳教學傳承下來的術語。從字面上理解「聽勁」的「聽」字是人類正常活動的聽，是耳聽。而太極拳術語的「聽」是手的末梢神經對接觸人體的感覺，在雙方人體所接觸部位的接觸點，故稱聽勁。久練太極拳之後，手上的觸覺異常敏銳、活躍，能感覺到對方肢體的力和勁的來路去向，這就是太極拳家的聽勁功夫。

《太極拳論》云：「由著熟而漸悟懂勁，由懂勁而階級神明。」我們將先賢王宗岳的這一教旨分為三乘功夫：「著熟」為初乘，「懂勁」為中乘，「神明」為上乘。修練太極拳到中乘功夫，也就到達聽勁的境界。凡太極拳練家懂勁之後自然懂得聽勁，悟性好的人，練拳不久也具備聽勁功夫。有了聽勁功夫對於深研究太極拳、提高技藝是走上一條大道，練家到這一學練階段，不會再走彎路。

當然，在拳家身上聽勁，是從接觸點上去感覺到的勁，不是常人理解的勁或力。

在太極拳高層次拳家身上聽勁，在接觸部位感覺到的或是聽到的是什麼勁呢？其實，聽勁，在對方接觸部位上並沒有勁，也不是力。通俗講，接觸部位稱「接觸點」，是雙方接觸的最小部位，習慣稱點。當雙方肢體相接，修養高深的太極拳家，在接觸點上沒有力也沒有勁，是一個鬆點，一個空點，一個什麼也摸不到的點——無，通常俗稱「摸不著東西」。相反，太極拳初乘功夫的人手上及接觸部位充滿勁和力，需要在拳上練出功夫來，這功夫是內功，內功的標誌是在接點上的鬆、空、無。

修練到中乘功夫階段的朋友，經常要練推手，相互習練觸覺功夫，在雙方推手中提高掤、捋、擠、按、採、挒、肘、靠即四正四隅八法，還有左顧右盼，前進、後退、中定為八門五步十三勢的功夫。從練中退去身上本力，手上空鬆，提高觸覺神經的敏銳性，從而向深層高境界修練。

聽勁在太極拳技藝修練中有什麼益處呢？聽勁是提高技藝的十分重要的拳法。在練拳中，手上有力要在老師的手上聽勁，感覺老師的手上是什麼狀態，是鬆、是空、是無——什麼也摸不到，這便是聽勁的效果，從感覺上知道，手放鬆是什麼味道。如果練拳多年，你摸到他的手處在有力的狀態，你的思維認定凡練太極拳的人，手都是有力的。李亦畬宗師的拳經，「能從人，手上便有分寸」。這個「分寸」是什麼？太極拳圈內有一句承傳下來的話，「太極十年不出門」，這句話不是誇大其詞，凡武術各門類拳種，十年出門者少見。吳圖南大師有一句名言，練拳出功夫要「脫胎換骨」。自修者一年前還筋僵骨硬，一年後又談什麼內功呢？只有聽明家的勁之後，方可能明白什麼是手上的「分寸」。未修練到初乘功夫，很難言懂勁。

談到太極拳修練，筆者是十分幸運的。京城同時代的太極拳家吳圖南、楊禹廷、汪永泉三位大師都活躍在拳場，經常見到他們，能去聽一手勁、兩手勁……美不勝收。可見，聽勁是一種令人愉快的學習。

在太極拳修練中，會演練一套拳架子是否算畢業？不算，太極拳的每個動作都有深刻豐富的內涵，所以要花很長時間去潛心研修。在學練中，要走近路，絕妙的方法是聽老師的勁，練胯聽老師的胯，練腰聽老師的腰，當然，不是聽一次兩次勁可以明白的。筆者能明白太極拳，也是得益於聽勁。老師讓弟子從腳到頂，從下到上，從上往下，前後左右，準我在他肢體上一寸一寸地聽勁，感覺他身上的陰陽變化，在針尖似的一個小點上也有陰陽的變動，無一寸接觸點不拿，無一點不放。被拿起時臟腑似傾倒出來，發放時嚇得靈魂出竅。

聽吳圖南大師的勁，拿放在一個點上，不管用力不用力，摸上便被發打出去。汪永泉大師不喜打人，不管他走或站立，摸哪個部位腳下便沒有了根基，飄飄欲起，六神無主，只有等待發落。

總之，欲深研太極功夫，得到內功，不常年聽老師的勁，是難以提高的。聽勁是最好的修練，久之，中乘功夫是不難求的。

## 二、餵　勁

「餵勁」的「餵」字作餵食給對方解。太極拳老師為了教授學生早日把握太極拳功夫，經常以餵勁的形式給學生上推手、技擊課，便於學生明白勁路的來龍去脈，以及在接觸點上空鬆是什麼狀態。

給學生餵勁是有條件的。學生在學練多年以後，已經把握太極拳的陰陽變化，「由著熟漸悟懂勁」的中乘功夫，如有悟性，就是可深造培養之人才。老師有可能重點培養這類弟子，給他餵勁，也有人稱為「開小灶」。有人問能不能普遍開花，給所教授的學生都餵勁呢？不可，巴掌伸出去五個手指不一般長，同班同學，一起學練太極拳，很快便能分出長短。如果一視同仁，給悟性差的學生聽勁。不懂聽勁的人死死按住接觸點，腳下飄忽也不鬆手，還談什麼從聽勁中學練提高技藝呢？

老師給學生餵勁，使學生知道自己的去力在老師的接觸點上的反映，是撲空了，還是自己的勁力未能發揮出去，是手上摸空，還是腳下飄浮，體驗得明明白白。

說得再通俗些，學生的勁力打到老師身上，聽聽老師是如何給來力找出路的，是柔化，是截住不讓對方的力出來，或是將來力發往左右的後方隅位，更令人膽寒的是將來力疏於腳下，不趴下也得跪地。以上種種柔化拳法，不是老師餵勁，十年八年也弄不明白。

後學者欲深研太極拳技藝，瞎推盲練是無益的，在聽勁、餵勁上得到真傳，才是紮紮實實的太極功夫。

學練太極拳多年，著熟之後要跟著老師學練推手、聽勁。推手是增長手上的觸覺神經和靈敏性，聽勁增長內功感覺。但一定找到一位知拳理拳法的明師，先在他們肢體上聽勁，多聽、常聽、反覆聽，感覺老師肢體上陰陽是如何變化的，聽老師空是什麼「味道」，空與鬆有何差異，無又是何「味道」，鬆、空、無三種內功的區別在何處。李亦畬大師說：「要刻刻留心，挨何處，心要用在何處。」去體會、體驗太極拳高境界內功「向不丟不頂中討消息」。

聽勁另一益處，是在老師身上聽勁時，摸空了失重，被老師打發出去，在圈內稱「拿得起，放得下」。學生被放出去，三五公尺、七八公尺不一定，視一口氣是不是順暢呼出，氣呼出去蹦跳停止。

圈外人多以為是假的，其實蹦跳的學問很深，蹦跳是一種養生。被發打者胸中一口氣，被老師拿憋在胸中，被打發出去，是神經主宰著身體的起伏蹦跳，被憋悶的氣蹦跳後呼出，內臟舒暢，蹦跳停止，再想去蹦只有靠自己，便費些力氣。有人不懂此理，頂著牛不動，不動表示功夫高，結果一口氣憋在胸中，日久受內傷。

聽勁是一種學習，聽勁是養生，對於不懂聽勁的人，不要施予此功。有的人將聽勁視為比試勁力，空拿他之後，對方雙腳已起，像個肉坨子死死按住，而胸部憋著氣。老師再鬆一次將他打出去是要傷人的，只好罷手。對方不會聽勁，老師千萬不可餵勁，免生尷尬。

老師餵勁是很辛苦的，只要學生勁路走得對，老師便蹦跳而出。武德高尚的明師刻意培養學生，只要學生行功有百分之一、千分之一是對的，他都贊揚，這不止是鼓勵學生，而是一種道德責任。

學生行功做對了但不肯定他對的一面，他會永遠糊塗下去。肯定學生準確、規範的一面，他可以改正，留住準確的感覺，繼續學練有法可尋。歸根到底提高太極拳拳藝是方法問題，方法對路學拳就容易。

聽勁是老師引路，餵勁是老師的功德，兩者相輔相成，旨在培養太極拳人才，學生能有緣遇到明師是極為幸運的。

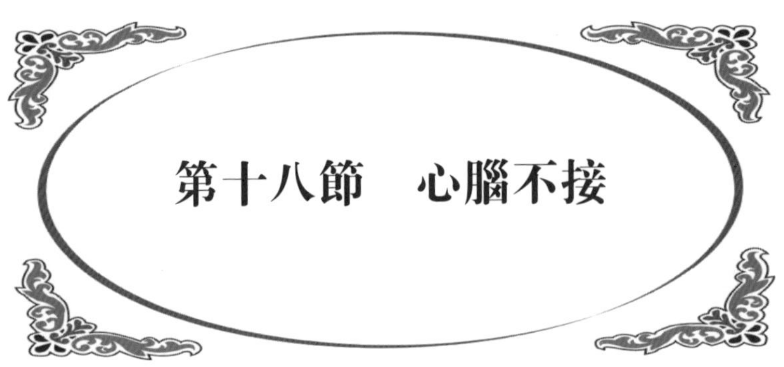

# 第十八節　心腦不接

什麼是「心腦不接」呢？在熟練太極拳的基礎上，欲練推手，遇到的第一個問題是，在與對方兩手相接時，頂牛或被對方化掉。

個人練拳和雙手推手的感覺大不一樣，雙人接手的瞬間二人四手相接，「心腦不接」的功法顯現出來。接與不接，怎樣接手，又如何不接手，這些功夫要去深研。

## 一、關於心腦不接

「心腦不接」在體用結合上是重要的拳法。凡練太極拳多年者，自我感覺都是很好的，因為熟練也就生出些巧來，自認為鬆得蠻不錯。

當與人較技推手時，手上有力、肢體僵硬等毛病突現出來。正是拳論講的，身上有「凸凹，斷續，缺陷」三大病，手上有「頂、偏、丟、抗」四大病。接手受制於人，腰板難動，胸悶憋氣，想掙脫又走不開，只有敗走一條路。如此尷尬皆因基礎功沒有夯實。

傳統太極拳講究體用結合，練拳不推手難以體驗鬆柔內功深層道行，推手不練拳難以圓活，病態百出。而「心腦不接」是太極深研者在盤拳修練的基礎上，研習雙人推手、較技中遇到的難題。

所謂心腦不接，在雙人推手較量中，二人膠合在一起，叉住了，而上乘拳藝推手者少見。因為雙方接手的同時心腦互相接觸著，擇不開。見此情景，吳圖南大師總要喊一句「撒手！」但誰也不敢撒手，此時誰擇開誰操勝券。

楊禹廷老前輩對推手有一句權威說法，他認為二人較技，「打人容易摔人難，摔人容易，放人難。」常見的推手照片，多以甲將乙摔倒，這已經很不錯了，放人的拳照很少見到。所謂發人，是以太極上乘技藝將對方拿起來，發放出去。武術家王培生說過，拿不起來，放不下。也就是只有將對方拿起來才能放出去。拳經稱為「斯其根自斷」「引進落空合即出」。所謂「拿得起」，似拿起一個物件，或將自己的帽子，從頭上拿起來扔出去。

一個人一百多斤，一位練家和對方體重、身高不相上下，且都是練拳人，具有靈活性和技法，欲將對方拿起來扔出去，是件十分艱難的事情。靠力氣是難將對方發出去的，一定要有太極拳上乘功夫，即太極內功。按《授秘歌》要求，為「無形無象，全體透空」。「無形無象」為太極拳家在推手技藝中，身體上下四肢不顯出動作，在與對方的接觸部位即接觸點上，旁觀者看不到任何動作，連蛛絲馬跡也難以察覺。而較技對方同樣看不出有什麼動作，只是在接觸部位的最小的點上感覺空，或者什麼東西也摸不到。

操作者以太極內功的鬆柔、鬆空、鬆無的高境界功法，控制宏觀的肢體沒有動作，甚至極為微小的動作也不顯露出來。太極微觀世界裡縱橫上下的陰陽變化，以陰的空鬆，黏連住對方，使對方失去重心，牢牢控制住對手，使之沒有逃走和進攻的變數，只能等著挨打。

其實，對方早已失掉重心，輸掉神經中心，神經上早已想逃跑以解脫困境。此時對方犯了推手軀體三大病之一的凸凹的「凹」字，通常說癟啦。己方要抓住戰機，順對方想逃跑的瞬間，對方軀體已經出現凹狀，呼吸處於吸的狀態，對方的思維、呼吸、神經、動作、平衡等等處於敗陣的態勢。我鬆拿起對方，以實發放，將對方輕輕鬆鬆打出去，一拿一放，顯示出太極內功之絕妙。

這一例對陣，失敗方功夫不佳，貪功求勝，先有動意，身上、手上出力，暴露出自家的缺陷，自身的力點被對方察覺而捉住，失去平衡，丟掉重心而一敗塗地。敗在何處呢？敗在以心腦接對方的進攻。

奉勸練家，改變多年的思維習慣，前者認為「兩軍對陣勇者勝」，而筆者認為「兩軍對陣鬆者勝」，太極推手更是如此。從這起對陣戰例中，失敗一方過於心計，有動意，主動進攻，周身僵緊，是被對方捉住力點的緣故。

傳統太極拳修練和太極推手訓練，是由盤拳和雙人推手去掉身上本力，本力是先天之力和後天隨年齡增長之力。而接受太極拳修練的人，就是經過脫胎換骨的修練，從拳上練出內功，退去身上的本力。

有可能在二人推手中周身透空，心腦和意念不去接對方進攻的雙手或軀體，對方不會制造威脅，更不會帶來危險。因為你沒有出力，對方難以捉住你的力點。實踐告訴深研太極拳者，二人放對帶力進攻或防守不會拿到勝券。太極陰陽學說告訴你有力失敗，力大失敗得更慘。

二人推手較量，勝者非心腦不接難有勝數。「心腦不接」說著容易，操作十分困難。在太極拳界能達到心腦不接者少見。近幾年在武術期刊上發表大量的太極推手動作照和示範照片，多為較技雙方軀體上下肢相互交接，一方將對方打出去或摔出去也互不離身，雙方膠著在一起。

二人較技推手，心裡不靜，周身不淨，難以脫離膠合狀態，沒有心腦不接之精深內功，只能憑二人經驗，以自身的靈活和著法取勝。

嚴格地說，二人膠合狀態的推手筆者不恭維，也不反對。因為傳統太極拳層次性極強，因人而異不可強求一致。人家用力、用意、輕靈、笨拙等等技法，是人家的事，不要過多評論。

經過修練，從用力到用意，從笨拙有力到輕靈、鬆柔都會在拳的體用結合中體悟到，不要去指手畫腳，評頭論足。增長太極內功是悟性和時間的等待。

## 二、如何修練心腦不接

如何修練心腦不接，是一個值得探討的課題。因為習練太極拳者眾，一個縣級市能組織起千人演練太極拳。當然，太極拳深研者只占百分之幾。

只練拳不練推手，對太極拳的結構和內涵不能全部領悟，在練拳多年後，要逐漸去習練推手。推手不是用力氣去和人家推，比個勝負，圖個樂子。是找一兩位志同道合者雙方輕輕接觸，從單手「打輪」始練，先平圓後豎圓，然後「打四手」，以掤、捋、擠、按、採、挒、肘、靠四正四隅八法入門。雙人習練以練觸覺神經為主，從力接到輕接觸，從而到點接觸，此式為力接——輕接——點接，三種接觸的修練。

這是一個過程，這個過程要以雙方悟性決定時間的長短。即使你悟性好，達到深層內功，也需要經常不斷地進行內功修練，業精於勤，學無止境，這是中華民族的美德。

三種接手之法，是總結推手、技擊中的各個技藝層次不同的接手。初學推手階段，一般都以力相接，這是難以回避的階段，這個階段不是短時間可以通過的。這是因為沒有經過推手訓練，人的本能要去用力與對方周旋。特別是對方以力攻來，接力者本能的反映是以力接對方的來力。

從太極拳陰陽變化理念確認對方來力，應以鬆接、空接化掉，要給對方來力找出路。

給對方來力找出路一般講有四個：

一是引進對方來力向己左後方，使其落空；

二是引進對方來力向己之右後方，使其引進落空。在引進對方來力向左右後方化解時，自己千萬不可出力；

三是將對方來力引於腳下；

四為中定，對方的力出不來憋悶在對方身上。

當然，中定為上乘內功，中定功為三不動：手不動、不丟、不頂。功夫反映在手上，實為周身全體綜合內功，初、中乘功夫者難以把握。大道修行不深還不能退去本力、拙力，以力相接，只有頂牛，別無他法，這也需要時間的等待。

人們常說，練拳達到什麼功不是目的，重要的是過程。這話說得很好，太極拳常練常新，一遍有一遍的收穫，一遍有一遍的體驗。給對方來力找出路不止此四種，還有許多功法。因為雙方較技，拳打兩不知，對方進攻的路數多變，無規律可尋，只能隨機應變，其中都有心腦相接的意識。

心腦不接是上乘的太極內功，在推手、技擊活動中，是操勝券的根本。具有心腦不接內功的上乘修練，在與人較技接手時，手上不掛力，與對方接手不接力。準確做到手不接對方力的同時，心和腦也與對方不相接觸，如此操作，對方對己沒有威脅。

相反，對方沒有內功功底，進攻手為力手，己之心腦不接，則會給對方造成極大威脅。

如果功力相差極為懸殊，諸如腳下重心不穩，有飄浮感，胸部憋悶、頭暈，感覺眼前有一個深坑，有站在坑沿之懼，向前不敢進，後退不敢動，受制於對方而動彈不得。這種狀態屬於友情習練，如果動真格的，在失去重心的瞬間早已被對手發放出去。

心腦不接的上乘內功是周身的綜合功力。是在常年的循太極拳規律的修練中，在以陰陽學說規範的拳技中，積累深厚的太極內功。

從腳到手的膝、胯、腰、肩、肘、腕九大關節要鬆開，且節節貫串。舒鬆周身九大關節，左右手指 28 個小關節，左右腕十幾個骨關節。還要溜臀、裹襠、收腹、收吸腹股溝，以及胸、背、頸、頂等部位均要按規範放鬆，是需要一個長過程。各個部位的放鬆是漸變，絕不是突變，凡深研太極拳者要有一個長時間艱苦修練的準備。

以上人身各個部位按太極陰陽學說規範放鬆以後，有可能遇對手，心態平和自然操作心腦不接。如果心神意氣仍不能放鬆，精神緊張也無法操作。

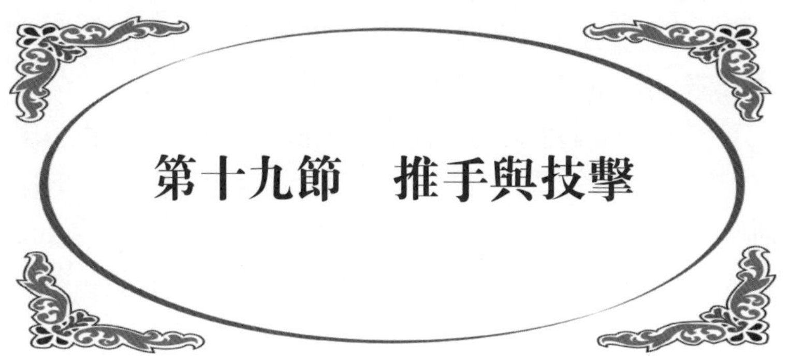

# 第十九節　推手與技擊

太極拳講究體用結合，凡習練幾年太極拳的人，練幾年拳之後都想著學練推手。

## 一、推　手

太極推手不是太極拳的打法，或者說不是惟一的打法。主要以雙人推手訓練習練者觸覺神經的聽勁能力和掤、捋、擠、按、採、挒、肘、靠八種勁法。

這裡說的「勁」不是先天本力，也不是後天的力量，是以「勁」說明由太極拳陰陽變轉，舉動輕靈，用意不用力，屈伸訓練陰陽相濟太極內功的術語。先輩認為推手有誤導之嫌，稱為「打四手」「搿手」「揉手」。

關於推手的叫法，從前輩拳師繼承下來沿襲至今。筆者認為推手的「推」字不符合太極拳「用意不用力」的原則，容易從「推」字誤導學練者用力去推，且有動意，意念大。

已故太極拳大師汪永泉在《楊式太極拳述真》一書裡是這樣說的：「揉手又名推手，為避免因『推手』而產生猛推硬搡之誤解，故在此引用前人『揉手』之稱謂。」

「揉手」顧名思義，從字面上很容易理解，揉手不用力，符合「用意不用力」，「一舉動，周身俱要輕靈」的原則。

「推手」運動流行很廣，兩個人在一起推來推去，冬天渾身發熱，出一身汗很舒服，又像互相按摩，所以受到學練者的喜愛。國家將推手列為競賽項目，此舉受到太極拳愛好者的歡迎，不練太極拳的人也去練推手，此項活動開展得比較廣泛。

推手訓練是為了退去身上的本力增長太極內功。透過相互推手訓練，從中體驗太極拳陰陽變化、舉動輕靈、動靜虛實、中正安舒之奧妙。從相互的重心變動中，身形不是刻意的進退，而是隨左右虛腿、實腿的虛實變動中去體驗身形中正、不主動，不妄動。

推手訓練從腳下始練，雙腳平鬆落地，不要踩地，似站在厚草坪上，有一種飄浮之感，太極拳術語稱為腳下雙輕。雙手要空，雙手虛靈相接，給對方一種虛虛的不接不擋的感覺。兩人將四正四隅、四面八方走圓活，別人看打四手似打一個圓輪子，這是雙人推手基本功的訓練。而審敵聽勁能力就要靠雙人推手訓練，提高觸覺的靈敏。

我們皮膚上密布著許許多多難以計數的神經細胞，它們主管外界的冷熱風寒，疼痛刺癢及意外的碰撞等等。神經從外界得到的信息，在我們練太極拳者身上又有多於常人的功能。人的手指梢上布滿難以計數的末梢神經。手上的末梢神經極為敏感，手指觸到對方的手或肢體上，這便是「聽勁」，聽勁功能遍及周身。

身上任何部位都可以「聽勁」，將觸到的一切快速輸入大腦，大腦再發出指令，手部迅速鬆弛化解對方來力……「聽勁」是太極修練者在鬆柔動態中運動肢體所特有的「靈敏的觸覺」，也可解釋為太極拳人的特殊感覺。聽勁是觸覺修練，如何修練觸覺呢？

訓練方法是太極拳有別於其他拳種的「用意不用力」，「一舉動，周身俱要輕靈」的獨特拳法。觸覺訓練中如果不注意輕靈、鬆柔、以心行意、用意不用力，訓練不會有成果，手上有力難以在觸覺功能上有任何突破。如果想在太極拳王國獲得自由，動則陰陽變化，否則就不是太極拳。練功要尊老子之 「道法自然」，用拙力，就不自然，不自然難以輕靈。

在鬆柔動態運動中，兩人不倚不離，忽隱忽現，似接非接，在揉手藝術中，皮膚和手指的觸覺功能得到很好的訓練。如沒有共練武伴，一個人可以去揉鬆軟富有彈性的細小樹枝，也可以揉窗簾，或者將衣服懸掛起來推揉，都能起到修練觸覺的良好效果。

記得在楊禹廷老師家中跟他打四手，根本就沒有一點主動權，隨著他的手，總是撲空，感到他的手似有似無在前邊很遠的地方，腳下站立不穩，像站在晃動的船上。

雙人推手，看上去二人在推手，這是形於雙手。太極高手可不是用手在推，而隨時在腳上變換著陰陽虛實，看似推手，實際在推腳。說到根子上，推手不是太極拳的打法，是訓練習練者的鬆空內功、觸覺神經，訓練柔化，訓練接手，諸如訓練學子以靜待動、用意不用力、引進落空，敢於捨己從人、以柔克剛、以小勝大、以弱勝強，在推手中得到太極拳的真諦。

## 二、技　擊

太極大師楊禹廷談到對技擊的看法說：「打人容易，摔人難。摔人容易，發放人難。」一個人將一個身高體重差不多的人發放出去，是件極為艱難的事情。太極拳家王培生老師說：「拿得起才能放得下。」意思是只要你能將一百多斤一個人輕鬆拿起來，方可能將對方發放出去。這種拿人的拳法，不是一般功夫所為。

二人較技技擊，是保持自己的重心穩固，陰陽平衡不被對方破壞，而去破壞對方的平衡，使對方失去平衡。引進對方使其落空，迫使他失去自身重心的穩固而跌出。近來圈內頗有一些議論，認為內家技擊失傳，是一味練「鬆」，使「內家拳遭到滅頂之災」，提出「練緊不練鬆，緊到自然成功」。如果練緊，能緊過搏擊、格鬥、散打嗎？

據說拳擊運動出拳力達 500 到 800 磅，一拳能打碎牛頭，但人家出虛拳時似蟋蟀的觸角輕到極致。武術有鬆便有緊，一個門派有一個傳授，內家鬆派別說人家緊，外家緊派也甭說他人鬆。傳統文化遺產能流傳至今幾千年，不科學、無自家特點早已被淘汰，能夠傳承下來幾千年便有生機活力，要研究人家的特點和長處。

也有人議論太極拳能不能打人的問題。太極拳從雛形到完美走過幾千年的道路，沒有科學的技擊實踐，恐怕也難生存下來。太極拳當然能打人，近年來黨和政府提倡太極拳養生，很多慢性病患者、康復者誤認為太極拳是保健養生練的拳，這是對太極拳片面的看法。

其實，太極拳不僅能打人，而且有更高層次的技擊功能。太極拳打人，非不能而不為也。太極拳是武術，經過演變、發展、提高，已經達到完美的階段。太極拳理論寶庫十分豐富，如拳論、拳經、拳訣、拳解、拳法、拳要、要言等等，其中《太極拳論》曾指導了幾代人修練。如果太極拳不能打人，不具備技擊功能，也不會流傳到今天。

世界自熱兵器誕生之後，冷兵器時代的歷史畫卷就翻了過去，武術對抗由當代搏擊、散打所替代。換一個角度審視太極拳拳藝，三豐祖師遺訓：「欲天下豪傑延年益壽，不徒作技藝之末也。」祖師爺是不提倡打人的。

太極拳成為一種健體、強身、祛病、益腦、開發潛能、益壽、養生最佳的體育項目，受到世界人民的歡迎和喜愛。我們民族的太極文化被世界人民所接受，所吸納，為人類的健康作出貢獻，因此，人們漸漸淡忘了太極拳的技擊作用。

太極拳博大精深，難度是「太極十年不出門」，在現代科技經濟高速發展的今天，誰有時間去練十年也練不好的太極拳。太極拳要求陰陽變轉、動靜開合、舉動輕靈、用意不用力等等，這些功法恰恰與人的本能相悖。

人類為了生存，從幼年便用力，到成年養成用力的習慣。練太極拳用意不用力，這便難為了成年人，怎麼練本力也退不掉，用力推手是本能力量的發揮，招法是智慧的顯示。太極拳的陰陽變轉、舉動輕靈、用意不用力等功法，在絕大多數人身上難以實行，當前太極拳的出路，只有保健、養生、增強民族體質這件事了。

# 第二十節 解析《太極拳論》

太極拳理論家王宗岳的《太極拳論》是太極拳學之經典，是研習太極拳學的極好教材。在學習太極拳前，先讀《太極拳論》，很有興味，定要細讀、精讀，掩卷冥想，意味深長，從而對太極拳有了初步認識。

太極拳習練者不是學校的學生，同入一年級直到升入大學。習拳者年齡相差較大，社會經歷各異，文化背景也不相同，沒有統一教材，很難在同一水準上說話。

另外，所從之師、教練的水準、教學方法亦不同，而太極拳學的層次性頗嚴格，還要看從學者的悟性。練太極拳是學得、練得，究其睿智是悟得，難以統一教學。

## 一、「陰陽之母」

《太極拳論》開宗明義：「太極者，無極而生，動靜之機，陰陽之母也。」在拳論的結束，又強調習練太極拳，關鍵是「陰不離陽，陽不離陰，陰陽相濟」。太極拳是獨具特性、獨樹一幟的拳種，它以陰陽為根本，離開陰陽便沒有太極拳，太極拳是在陰陽變化中運行的拳。

《太極拳論》僅僅480個字，卻將太極拳之根本，如何修練，習練中注意的重點，以及研習拳藝的終極目的，說得極為詳盡。顯示其功理精深，功法透徹，哲理服人。練太極拳一定要循太極拳陰陽學說，按功理功法規範練習，否則「差之毫厘，謬以千里」。

什麼是太極拳的陰陽呢？這個疑問困惑著眾多學子。調查發現很多人不知何為陰陽，不知如何在練拳時操作陰陽。為什麼師不傳陰陽呢？陰陽功理功法深不見底，有的拳師怕麻煩，一句兩句說不清楚，怕學生問，越問越多，不如不說。試問，沒有陰陽，你傳的還是太極拳嗎？有的拳師為了給學生解惑，以伸為陽、屈為陰教授陰陽變動，或者以呼為陽，吸為陰講課。以屈伸呼吸示陰陽，在「小學生」教拳階段還可以，往高層次修練，就難以說清陰陽之道，難釋太極拳陰陽轉變的功理功法。

以外形難以道明陰陽，以動作講也不科學，學生更糊塗。如「單鞭」掌變鈎為陰，動作過程2秒鐘完成，拉單鞭為陽大約要15秒鐘完成，初學操作困難。再如「手揮琵琶」陰動為左掌從右隅位運動到左隅位，而「上步搬攔捶」的陽動，也是左掌從右隅位運動到左隅位，同一動作，一陰一陽。以動作分陰陽，如被學生「打破砂鍋問到底」，老師難以回答，這是說不清道不明的動作。以呼吸更難以詮釋，因為太極拳之呼吸為內氣，「氣遍身軀不稍滯」，不是常人的外呼吸。太極拳人為體呼吸，練拳不練拳手小指和足小趾都有呼吸動作。楊禹廷先生論述呼吸時說「用腳呼吸」，一語中的。太極拳的呼吸別於人們常用的「氣」，簡單地以呼吸詮釋陰陽是不準確的。

太極拳的陰陽變轉，陰不離陽，陽不離陰，陰陽相濟，不容置疑。陰陽是太極拳之立論，練拳便在動作中以陰陽變動為根本。陰為意之隱，是虛，是空，是無，是開，是鬆柔，是虛靈，是捨己從人；陽是陰的對立面，是意之顯，是實，是有，是合，是動，是堅剛。

什麼是陰不離陽，陽不離陰，陰陽相濟呢？拳論云：「天地為一大太極，人身為小太極，人身為太極之體。」人身為太極之體，並不是陰和陽單獨存在，而是陰陽相濟，人身整體是一個陰陽體，每一個局部均為陰陽混合，也就是陰陽相濟，這種陰陽是摸得著看得見的。如果你以手指、手掌按在具有陰陽相濟高層次的太極拳師身上的某一部位，按點或稱接觸點，按著為陽，對方接點上為陰，力點隱、虛、空、無。按空後想跑，由陽變陰，被按者的局部接觸點，陰隱陽顯跟蹤追擊。前兩年到杭州講學，當地拳友宴請我。席間一位壯年拳友撲過來，似黑雲壓城將我按在椅子上，此時他問：「老師，起不來了吧？」我說著笑著站起來。問起原因，很簡單，以空無使對方撲空解困。在技擊中，以陰化中有打，別無他招，靠本力就站立不起來了。

有人問如何習練陰陽變轉呢？楊式太極拳家楊振基先生說，太極拳功夫「是拳上練出來的」。楊禹廷大師說：「太極拳就是一陰一陽兩個勢子，一通百通。」就如此簡單嘛？

是的。不練拳，身上怎麼可能積累太極功夫呢？有人每天推手不練拳，這是對太極拳和太極功夫沒有起碼的認識，將練拳和太極功夫對立起來，是對太極拳之淺薄認識。

如何練拳呢？要循規蹈矩。楊禹廷是一位教學改革家，他將太極拳的各式以動作分出陰陽。以楊禹廷 83 式太極拳為例，他將每式分成若干動，單動為陰雙動為陽，如「白鶴亮翅」4 動，「玉女穿梭」20 動，「單鞭」2 動，83 式共 326 動，其中 163 個陰動，163 個陽動，陰陽平衡，體現拳論教導，「變轉虛實須留意」。實際操作須留意陰陽動的起止點。陽動的止點是陰動的起點，相反，陰動的止點是陽動的起點，1、3、5、7……為陰動，2、4、6、8……為陽動。明白太極拳陰陽相濟之理後，練拳時把握陰陽就很容易了。陰陽有易學好求的操作性，修練到此階段，萬萬不可疏忽，自以為得到陰陽變動之拳法，常此下去便可功成。

太極拳博大精深，還要紮紮實實循規蹈矩，一步一個腳印，單動陰，雙動陽，準確地按規範操作，練一次有一次的收穫，一次有一次的體驗，不可貪多求快。

太極拳有一個理，「理為一貫」。只要你練的是太極拳，均可採用楊禹廷先生的陰陽操作拳法。太極拳的屈伸、上下、左顧、右盼等動作，都是由陰陽組成。如果過去不習慣，從現在起始，要將動作分為陰陽，以陰陽變轉行功，只要遵照太極拳的規律習練，按拳功理規範行動，只要下工夫沒有不成功的。

把握了陰陽變轉操作，要注意在陰陽起止點的時候，楊禹廷先生稱之為「接頭」，拳論稱之為「留意」。楊禹廷先生告訴學生，在陰陽起止點上注意陰陽變轉，在陰陽瞬間變轉的「接頭」，陰再陰一次，陽再陽一次，學名稱之為虛中虛，實中實。將陰陽變轉滲入到每個動作中去，使任何階層的人士習練太極拳時都能從陰陽變動中認識太極拳，把握拳之操作，進而向深層修練打開方便之門。

奉勸太極拳深研者，拳場演練是練中得，深研太極拳究其道，研其理，還要坐下來讀書，讀書明理方可修大道。書理明白，理論指導實踐。不明拳理是盲練，明理是悟道，說到根上是悟得陰陽變化的修練者要注意腳下的陰陽變轉，其根在腳！

## 二、「動之則分」

王宗岳在《太極拳論》中，論道陰陽後說，「動之則分，靜之則合。」在學拳中常聽拳師講此話，但如何分，怎樣去合？

太極拳講究身形手勢，從功法講，外三合，手、腳、膝、肘、肩、胯，都有要求。即手與腳合，膝與肘合、胯與肩合。腳虛平鬆著地，腳向下鬆，膝向上鬆提（不要有意上提），上下分，上下肢的關節都要鬆開。「動則分」的拳理極為科學，避免太極雙重之病。

《十三勢行功心解》云：「有上即有下，有前即有後，有左即有右。如意要向上，即寓下意。」盤拳有虛實手，虛實手是分著的。不能左右手同時發、拿、打、化，向左採對方，其意向右，否則雙重，大家可以演練。「左重則左虛，右重則右杳」，虛實須分清楚。

「動之則分」在每個拳勢中多有體現。以楊禹廷 83 式拳為例，起勢 4 動，攬雀尾 8 動，斜單鞭 2 動。單動為陰，雙動為陽，動與動之間是陰與陽之變轉。拳論《十三勢歌訣》云：「變轉虛實須留意。」提示我們在勢與勢接頭的當口，學術名稱為變轉。變是動，是變化，一定要分，動之則分。怎麼分，細說為指尖與指根分，指根與掌分，掌與肘分，肘與肩分，也含指與肩分，手與腳上下分，腳與膝分……總體腰為主宰，腰起到承上啟下之作用。動之則分，從腰分，腰是坐標點，上鬆到手，下鬆到腳，全身都開了。動分腰不好求，要在練拳中慢慢體會，腰分為開合，沒有一定的功夫，難以把握。在沒有開合功夫之前，以鬆腳行功，在陰陽接頭之時，陰動或陽動之前，鬆一次腳。有人問不知如何操作，按照你的理解去鬆腳就是了。每次練拳，一個勢練完再練下一個勢的接頭，先鬆一次腳，天長日久，就能找到動之則分的感覺，進而再深研，把握鬆腰的技藝。

「動之則分」是修太極拳大道。有的朋友認為動分很難操作。操作是拳是術，大道是理是道，術和道是一個課題的兩個不同方面，知理者智。老子說，「大道甚夷，而人好徑」。動之則分，分什麼？分陰陽。盤拳練功的陰陽變轉操作不同於推手、技擊的陰陽變化。因為，盤拳行功操作時，盤拳有固定的路線，也就是拳套路的路線。拳套路路線是由陰動和陽動組成，一陰一陽，一處有一處虛實，陰陽平衡。從起勢到收勢，均為陰陽動組成。例如起勢 4 動，兩個陰動（1、3），兩個陽動（2、4）。陰動的止點是陽動的起點，陽動的止點是陰動的起點。按照太極陰陽學說規範行功，盤拳如行雲流水，在陰陽變轉中，動態運行，想停也停不下來。陰陽變轉的起止點的功法是科學的拳藝。

推手和技擊的「動之則分」與盤拳的動分陰陽不同，因為拳的路線是固定的，按拳的規律行功，而推手和技擊是兩個人較技，兩人放對拳打兩不知，也無固定路線。兩人交手就不能默守盤拳時的規矩，人家一拳打過來，你說人家不陰先陽，人家並不買你的賬，迎面便是一拳，將你打翻在地。二人較技之前，你應該按太極拳陰陽學說規範行功，四梢空接手，以鬆柔、鬆空、鬆無等待對方來手。此式稱謂「以靜制動，以虛待實，後發先制」。以靜制動的「靜」，是指精神，心神意氣，是看不到摸不著、但可以感覺到的氣質，大道以虛靜為本，心靜可通神明。這個「靜」，也指外形，周身肢體的淨，身上手腳鬆得很淨，手上乾淨，還要由練家根據自己多年修練的功夫，自己去體會。靜與淨到哪個層次說哪個層次的話。靜與淨的狀態從內修中體會。經絡活躍，血管暢順，脊椎有脹熱感，每個大關節虛靈，頂上有種虛靈的精神，使你有挺拔感，周身渾圓一體有騰虛之感。周身皮膚像一個向外充氣的球，或似撐開的傘。此時人體結構發生變化，已經達到「關節要鬆，皮毛要攻，節節貫串，虛靈在中」的體能。習練者如果不具備高深鬆柔內功，周身上下內外難以動分陰陽，希望暫時先不要去推手。化不去對方來力，強努應付或去推碰揉，關節反而僵緊，影響內功修練進程。

「靜之則合」，這是練拳多年之後都明白的拳理。以拳論解釋「合」，就是「完整一氣」。

盤拳陽變陰有一瞬間的「實中實」。所謂「實中實」，是在陽動結束，陰動起始的瞬間變轉之前，再實一次，也就是陽動手引腳到終點。手再引腳，是手腳的意念舒展，手為1腳為2。神、意、氣、軀幹、肢體短暫的內外相合，在技擊運用時，合為周身肢體的短暫的完整一氣，是高層次的渾圓一體。與對方的接觸部位，「沾連黏隨不丟頂」，最忌主動、妄動，一絲一毫的主動、妄動也會破壞周身整體的完整一氣，也是所謂的「一羽不能加，蠅蟲不能落」，練家一定要注意這精妙之處。

太極拳技擊是「一處有一處虛實，處處總此一虛實」，是「一動無有不動，一靜無有不靜」，「動之則分，靜之則合」的周身上下內外相合的動和靜，分與合，是「引進落空合即出」的合。這個「合」十分微妙，是檢驗練家是否從拳理、拳法，從盤拳修練中認識理解，是否明白了陰陽為母，鬆柔為魂的太極拳之真諦。這個「合」十分難求。我們探討的「合」是開合的合，是陰陽相濟的合，是「上下相隨人難進」的合，「牽動四兩撥千斤」的撥即合。

動之則分，說到底仍離不開太極拳的根本——陰陽變化。《太極拳論》再三強調陰陽，是加深練家對陰陽為母的認識和理解。陰陽為母，練拳時只要一動，便要分陰陽，「人不知我，我獨知人」是陰陽內功起支配主導作用。

## 三、太極技擊之走

明白太極拳，懂得太極拳，不是理性的明白和懂，而是身上明白，周身的感受體驗，從拳中悟得的知，是真知，真明白，術語為身知體悟，不是理論能說的明白，說懂，這是太極拳博大精深之處。

「人剛我柔謂之走」，從字面上很好理解。太極「由著熟漸悟懂勁」，懂勁就是身上明白太極拳之道理，理論與身上的實踐結合，方可明白人剛我柔謂之走的深奧拳理。要去悟，悟更深一層拳理。

「走」，怎樣走，哪裡走？躲閃、走動、逃走、避開……我們在公園裡常見二人推手一來一往，如果不是生推硬搡氣喘吁吁，甚是好看。攻方掤來，防方側身將攻方來手化出去，自己轉危為安。此過程攻得清楚，走得明白，這也是走。這是外形的走，有形有象的走，看得見摸得著的走。這種走是本能的，是先天自然之能加上後天的著法。拳論說的走，不是這般容易的走，否則為什麼寫進《太極拳論》，拳論說的「走」，則是看不見摸不著的走。

拳論中的走是微觀拳藝，對方以剛攻來，防方以柔化解來勢的剛。這一來一化是在雙方接觸點上進行的較量，旁觀者很難看出破綻。這是具有太極內功的高手較技，不是外形的較量，而是內功陰陽的變化。這個變化是極其微小的，太極拳悟道不深者難以理解。因為較技雙方沒有外形上的動作，而是在雙方接觸點上的微小變化。在觀摩太極高手推手較技時，只能看技藝，不是看熱鬧。說起來容易，真正做到在接觸點上「走」開，不經過刻苦修練，千萬遍盤架子，「由著熟漸悟懂勁」，著熟僅僅完成功夫的一半，還有重要的一半，「漸悟懂勁」功夫在「悟」字上。真正提高太極拳技藝，不是練出來的，而是悟出來的。練是功夫的基礎，悟是功夫的大成，要經過艱苦磨練。吳圖南先生有一句名言：「要有百折不撓的毅力，脫胎換骨的精神。」拳師常講的「三明三昧」，指拳藝在糊塗與明白、明白與糊塗之間提高。沒有高深太極功夫，就不能完成在接觸點上化解對方的攻擊，不是有形有象的走。有一位拳師說得極對：「有形有象皆是假。」而以無形無象以柔化解攻來的剛，這才是太極深層功夫的「走」。

那麼「我順人背謂之黏」，又是怎麼理解呢？順、背有沒有互換？

這句也是說攻防雙方的辯證法，我順對方背。順和背通俗講解二人較技，你舒服對方不舒服，對方舒服則你不舒服。攻防雙方在接手之前，跟下象棋一樣楚河為界，各自有各自的「領地」，而在楚河界上接手，雙方開始了攻防。所謂「楚河為界」，是雙方面對面站好位，雙方伸出手，手背接觸手背，從上直到腳下，有一條看不見的線就是「楚河」。雙方都想占領對方的「領土、領空」，就是拳人說的「搶位」或「搶中」。怎麼搶法，在說清楚這個問題之前，先講什麼是太極拳的打法。

太極拳是武術，武術有什麼打法，太極拳理應有什麼打法。但是，太極拳還有它的特殊性，它的理論基礎源於《易經》，太極拳十分重視運用陰陽。太極推手不是太極拳的打法，或者說不是太極拳惟一的打法。推手是太極拳的一種教學方法，以推手訓練人的掤、捋、擠、按、採、挒、肘、靠八法，以及練拳者手上觸覺神經的審敵聽勁以及沾連黏隨的太極功夫。太極拳的打法是：

1. 以心行意，以意導體，以體導氣，以氣運身，用意不用拙力；

2. 以靜制動，無形無象，上下相隨，後發先制；

3. 以柔克剛，剛柔相濟，以點制面，化中有打；

4. 以小勝大，以弱制強，引動四兩撥千斤。

太極本無法，動就是法，太極打法也不只是四種，僅僅歸納而已。每種打法都是太極功夫的綜合應用。我們明白了太極拳的打法，那麼，怎樣方可「我順人背」呢？雙方接觸以「楚河為界」，在接觸前誰也沒威脅誰，在雙方接手的一剎間，功夫深的一方，周身鬆功較好，在接觸前，早已在神、意、氣「吃」上對方，使對方精神、呼吸、身體均感不適。拳論《身靈》中曰：「彼勁方挨我皮毛，我之意已入彼骨裡。」或者由接觸點侵入對方的「領地」，這是高層次功法。武術有一句俗語，「腳踏中門襠裡鑽」，這句話有形有象。太極功夫高明之處同樣是腳踏中門襠裡鑽，但是它沒有任何形或行動去「邁腿」「腳踏」的動作，而是以意念通過接觸點，「吃」進對方的來勢，也就是化解對方接手時的意或勁，自己的意滲入到對方的腰使對方不適，也就是「背」。這就是我們說的「搶位」，搶對方的「中」位，使對方失重，謂之「以小勝大，以弱制強，引動四兩撥千斤」。這個「中」應該是腰，也是重心，雙方較技，占住自己的中，打對方的中，即可得勝。

「中」是什麼？中是中心，也是我們的重心。有經驗的拳師在雙方較技時，先打對方的中心，也就是搶中，破壞了對方的中心，動搖他下盤的重心，對方就垮了。相反，在打對方的中心之時，也是自身暴露中心之時。在打對方中心的時候，要隱藏自己的中心，即拳家常說的「藏中」。棋經有一句名言：「己病不除不可強攻」，拳人要牢記。

「動急則急應，動緩則緩應」。在處理上，凡懂勁的拳人都明白，太極拳很少主動進攻。雙方接手，先是審敵聽勁，不管對方攻來是急是緩，以陰柔吃掉攻方的力和勁，採取後發先制之戰術，提前到達攻擊目標。這種應變能力只有在實踐中去體驗，在雙人訓練中運用。

太極內功沒有上身的朋友尚未達到身知、體悟的層次，往往提出「我快速出擊你怎麼辦」，這是上面提到的「急」和「緩」的拳法問題。急應和緩應屬於拳術，急應和緩應在身懷內功高手的身上，就不是術而是道。具有太極鬆空內功的太極拳家們武德高尚，不以勝負論英雄，他們在一起切磋拳藝，交流太極陰陽學說。

給晚輩說拳，對方來手快或慢都打在一個空點上，不存在急應和緩應，在接觸部位解決，以靜制動，化中含打的高境界在陰陽變化靜態中以鬆柔化去速度和來力。

楊禹廷大師是一位武德高尚、謹慎的拳家，很少講虛無故事。有一次他講述一位青年向吳鑒泉大師請教，向大師出手，手剛剛接觸到大師，張口便求饒，喊道：「您撤手吧，我的臟腑全出來了。」有一次我在楊禹廷大師家中與他有一公尺多遠，老爺子看著我，我無法向前邁步。

在鬆空內功上乘的太極大師面前不存在急應和緩應的問題。

## 四、著熟——懂勁——神明

中國有句家喻戶曉的諺語：「熟能生巧。」在技藝領域裡，熟能生巧是不可置疑的。

先賢王宗岳在《太極拳論》中有句名言：「由著熟漸悟懂勁，由懂勁而階及神明。」這句名言被太極拳習練者尊為經典，是入門得道的一條真理之路。我們後學者，學習先賢拳道，是要領悟先賢經論極其深刻的哲理和豐富的內涵。在習練過程中，不但要孜孜不倦，「冬練三九，夏練三伏，」還要悟。怎麼練，如何悟呢？有一位聰明的太極拳家，練拳提出四多，即多練，多看，多問，多琢磨。

### 1. 多練

多練，不是一天打多少遍拳，而是循太極拳的規律，遵太極拳陰陽學說規範習練。拳師還告訴我們，要想得到太極功夫，習練就比一般鍛鍊身體要刻苦一些，要下苦工夫。老師說：「拳打千遍，其理自現。」可見，太極拳絕不是一朝一夕輕鬆可得，而是要「脫胎換骨」「百折不回」。上面說的「千遍」僅是形容。真打「千遍拳」，不是按拳理拳法循規蹈矩，即使二十年、萬遍拳也拿不到太極真功夫。

上海一位拳師提倡每天盤七八遍拳，北京一位拳師每天練拳僅上午就是七小時，這是多麼大的工夫。若干年之後，他道出習練太極拳的奧妙：不循規矩練拳是苦力勞役。下大工夫不是為了湊時，練遍數，而是一招一勢按拳理拳法盤拳。盤拳要極為精確、到位，一勢也不能馬虎，該運行到多少度則按要求到達多少度。如，「雲手」從左向右 180°，不能打到 160°。東西南北、東北、東南、西北、西南、四正位、四隅位，到位準確，循拳理拳法，按規矩練拳。所謂按規矩練拳，「規矩」二字不是官話名詞，它包容深刻的內涵，有志深研太極功夫者在研習太極拳拳理拳法之始，不得忽略，定要首先深研拳之規矩。

規矩是什麼，規矩是按照太極拳的規律習練太極拳。作為一名太極拳修練者要深知什麼是太極拳的規律。太極拳屬於武術，是武術中一個門類，太極拳有武術的共性，但又有其自身的特性。習練者不能以一般練武者的狀態去練太極拳。太極拳是文化品味極高的拳種。在《太極拳論》中，開篇第一句「太極者，無極而生，陰陽之母，動靜之機也」。習練太極拳首要的是練拳中有陰陽變動，即「陰不離陽，陽不離陰，陰陽相濟」，拳中沒有陰陽，將失去拳之魂，拳之根本。故陰陽為太極拳首要之規律，也稱之為拳之特性。

習練太極拳重要是輕靈。練太極拳要「一舉動，周身俱要輕靈」。練拳中，舉手投足每個動作均應輕靈，這是太極拳的拳理拳法所決定的。研習太極拳，屈伸仰俯要輕靈，忽隱忽現，邁步如貓行。練拳中退去本力，剔除拙力。習練者用舉重、打沙袋的架式練太極拳，有悖拳理。習練中還要求安舒中正，上下相隨，用意不用力。總之，循太極拳的規律練拳，拳之規律，為陰陽、虛實、輕靈、開合等等。

練太極拳不循拳之規律習練，一味貪求多快，如楊式太極拳大師楊澄甫所說「恐日久入於滑拳」。圈內人都知道，改拳難，不要落入「練拳容易，改拳難」之窘境。

### 2.多看

看，是觀摩學習，拳人將這種學習稱之為「流學」，流動學習。到各個公園練拳場，看各家拳師是怎樣練拳的，觀摩同輩拳人，是如何練拳的，觀摩有益於自身修練，看人家盤拳是怎麼出手、提足的。

特別要看前輩拳師身形、手勢和陰陽虛實，最為重要的，是看他們的神意，以及他那看不見摸不著，但能感覺到的氣感。看拳人練拳是立體的，每招每勢可直接感受。拳人是帶著內功行功走架的。每招是否到位，是用意盤架子，還是用力，這一切使旁觀者清清楚楚，看個明白，像一面鏡子照見自己，找到不足，提高拳藝。

看前輩拳師的拳照。有很多著名太極拳大師早已仙逝。我們雖然不能直接觀摩他們的拳藝風采，但看他們的拳照，也是極好的學習。看拳師照片，勢與勢、陰陽是怎樣變化的，看拳師的手腳是怎樣結合的，看身體的中正安舒，看他們的心神、意氣內外雙修的訣要……由於看照片時間長了，能將死片「看活」，將照片看成動勢，從中受益匪淺。

看大師是怎麼練拳的。建議看大家、高手拳藝，要五看：一看實腳（腿）的運用，是否實足；二看虛腳（腿）是不是虛淨，後腳跟真正虛著地；三看實手規範、到位，「抱七星」拇指對鼻尖和膝尖、腳尖是不是「三尖相對」，肘尖規範垂地不是翻肘；四看虛手真虛、虛淨，而不是雙重，四肢達到遵道而修，方向方位準確；五看周身整體，精神氣感，虛靈神頂，完整一氣，上下相隨，內外相合。大師是我們的樣板，看懂了大師，我們的拳技藝水準也上去了。

看書。坐下來讀書，提高理論水準，以拳理指導練拳實踐。讀名家的拳譜、拳論、拳訣、俚語、要言等等。前輩拳師留下的太極拳理論著作，經過幾代拳人的積累、口傳、筆錄，成為今天我們看到的印成書的理論。篇篇理論是前輩拳師的切身體驗和修練的經驗總結。有的一語雙關，有的雖僅一句卻極為深奧，不去用心體會，從盤拳中琢磨是難以理解的。如拳論中提道：「多誤捨近求遠」，從字面看，多數拳人捨近而求遠，遠到何方？「謬以千里」。這個問題，先要有一位明師指導，學子要循規蹈矩，兩者密不可分。如果老師糊塗，學子難以明白。要讀名家理論，只言片語也是有益的。民間布衣拳家往往一句話悟出道理，可能是大道。

當代拳師訪談文章不可不讀，看他們是怎樣修練，對太極拳功夫是怎樣認識，怎樣理解的。讀後茅塞頓開，眼前一片光亮，對學拳極有輔助、指導作用。行家裡手看門道，不要看熱鬧。要看先賢練功的「門道」，從看文讀書中找到通往修練太極內功的通道。

### 3.多 問

為了準確掌握太極功夫，還要多問，邊學邊問，不厭其煩地問。問明師，問師兄弟，問高水準的理論家，以便提高對太極拳拳理的認識，以求解惑。

「聽勁」，聽勁是觸覺神經的「問」。太極拳別於其他拳種，拳師講腰，為了使學生能更快掌握技藝，讓弟子摸他的腰，這叫聽勁。這是太極拳訓練學生的一種特殊性培訓，其他拳種是沒有的。聽勁也稱問勁，技擊運用於審敵聽勁，以弄清楚對方勁的來路去向。聽勁是一種很精明的「問」，實踐的問，少走很多彎路，解決太極拳難以用筆墨、用語言說清楚的難度大的問題，一聽一問迎刃而解，一「聽」了然。聽勁是太極拳的學問，初涉拳場的人，還有練拳多年沒有聽勁訓練，以及拙力未退的習練者三種人不能請他們聽勁，他們不知聽勁是學習，而以比賽的心態，以拙力接上後，腳空打晃也不撒手，往往拙力聽勁，心裡憋悶一口氣也不離開，結果受內傷。

對初學者要幫助他們學習聽勁，循循善誘，教導他們學練聽勁，聽老師是怎樣在接觸點上陰陽變化的，是怎樣處理進攻和避力的，經常聽勁是最好的學習，對內功上身有益。

我初學拳時，向一位老師學拳架，初始別人聽勁可以，我聽勁不允許，經過兩年交往才允許聽勁。可見習拳經歷之艱難。

### 4.多琢磨

多琢磨，也稱之為「默識揣摩」。何為多琢磨，琢磨就是「悟」，嚴格地說，太極拳練到一定程度，太極功夫是悟出來的。大家所熟悉的拳論中「漸悟懂勁」，一語道破修練太極功夫之真諦。首先要練、苦練、下工夫練，然後是悟。在紮實的拳理拳法的基礎上，去琢磨，去揣摩，去悟。太極拳科學是悟得，練中悟。練拳的學問不是苦練得來，一位京劇老師說：「要下工夫苦練，不是苦練功。」這是練功的訣竅。如果拳不對路，練得越多，走得越遠。練拳要循規蹈矩。循太極拳學的規，蹈太極拳的矩，離開規矩是離經叛道。幾十年下來，盲練一場。練中悟道而得最可靠。

太極拳的功夫是其大無外，其小無內。拳論有千百條，悟什麼？悟陰陽。悟一招一勢的虛實，虛實即陰陽。虛實宜分清楚，一處有一處虛實，處處總此一虛實。虛中有實，實中有虛，即陰不離陽，陽不離陰，這不僅僅是理論，練拳推手均如此。拳人每天練拳修練陰陽，「學者悟透其中意，一身妙法豁然能」，功夫不負練功人，總有一天「悟透其中意」太極妙法上身，修練達到最高境界。

但是，太極功夫「學無止境」。從學習王宗岳的《太極拳論》中，明確「悟道」是學習太極拳學，修練太極拳道之必然。先輩拳家諄諄告誡我們修練太極拳重要的是過程，不是目的。如果以臺階比內功修練的層次，修練面前沒有什麼臺階，但循規蹈矩，內功在身體內有反應以後，眼前出現了一級臺階，拾階而上，登上一級臺階後，看到了精彩的太極世界，還想上一級臺階，可是前面沒有可攀登的東西，又經一段規範的修練，眼前又出現了第二級臺階，上面所能看到的體驗到的太極世界精彩紛呈……經過漫長的努力，一個臺階一個臺階向上攀登。隨著臺階的增長，內功上層次，進入太極空無世界，五光十色更為精彩絕妙。此時是不是太極內功已經進入神明境界了呢？莊子說「物量無窮，時無止」，眼前又出現了臺階……反反覆覆重複著一句話：學無止境，學無止境！

「四多」是身心雙修；從「四多」中求懂勁，從「四多」中悟階及神明。從「四多」中求心、神、意、氣的安靜；肢體軀幹之虛淨，獲得太極拳之真諦。

在太極功夫修練中，「四多」對習練者來講，是不可缺少的最為重要的拳法。

## 五、虛領頂勁，忽隱忽現

「虛領頂勁」，從字面理解，都跟「尾閭中正神貫頂」聯繫在一起研究。「虛領頂勁」也叫「提頂」，頭頂百會輕虛的往上領起，似頭頂著一個分量不大的物件，跟臀部的尾閭骨成垂直，這是身法中正的首要條件。

看了不少理論文章，多從字面去解釋。如果從太極修練的深層研究，顯得深度不夠，或者說前輩拳師受歷史局限說得不夠詳盡，影響初學者準確掌握頂的技藝。拳論關於頂的提法，共有「虛領頂勁」「神貫頂」「提頂」「頂頭懸」。四種頂的技藝，領、貫、提都屬陰陽之陽，意大容易出勁。懸為陰，如果上邊有一根繩提吊著還是陽。《現代漢語辭典》解，虛，空也。領，有十種解，動詞，帶領。提，提拿。懸，掛也。從太極拳陰陽學說解，領為陽，虛為陰，虛與領是一對不可協調的矛盾，不易統一的矛盾。從動作解，頭頂被領出勁和意都大，不利修練。頭上頂一個分量輕的物件，哪怕一張紙，意也嫌大。從身形解，按拳理要求，依太極拳理，頂應稱之謂「虛靈神頂」，就是將神意虛靈頂上。

太極拳身法有四句要求，「關節要鬆、皮毛要攻、節節貫串、虛靈在中」，這四句要言是太極拳家應該把握的體能要求。拳人的周身虛靈無處不在，頂也要虛靈。不可提、領、貫，只有一個狀態，是虛靈狀態。且精神在頂，故稱頂處於「虛靈神頂」。這個「神」視拳人修練時間，功夫高低的理解能力而論。這個神可以是自己的精神，也可解為頭頂上有太極陰陽圖，還可以解釋自己的精神顯現在頭頂上，主管陰陽。總之，從練拳第一天起，頭頂永遠保持虛靈。武禹襄在《十三勢行功心解》中有一句拳之真諦，他寫道：「一舉動，周身俱要輕靈。」以此我們可以推論，練拳、推手、技擊，均要把握舉動輕靈，符合太極拳拳理拳法規範的用意不用力，不輕靈有悖太極拳規律。身上僵緊的朋友坐在椅子上，被按住，就是起不來，輕靈能站不起來嗎？輕靈也是虛靈，叫法不同，內涵一樣，周身輕靈，從腳到頂都要虛靈，頂上虛靈便是，為什麼還要去領頂、貫頂、提頂？不同層次的拳家，有不同的理解。頂上虛靈這一功法不能改變，否則難出功夫，功夫到位，內功上身虛靈無處不在，接觸便出現虛靈，周身處處有虛靈。

關於「氣沉丹田」，我向各家各派一些修養高的拳師討教過，從他們練拳實踐中，認為「氣沉丹田」是不全面的，氣不應停留在丹田，而是經過丹田通往腳下，從「湧泉」入地。用氣時，再接地氣從「湧泉」經丹田氣遍周身。大師認為，丹田三不存：「練勁丹田不存勁，練意丹田不存意，練氣丹田不存氣。」丹田絕對不可存氣。氣是活動的，「氣遍周身不稍滯」，以氣運身。

學習拳論的過程，是練拳修練理論與拳法的實踐，不能單從字面上理解，要從自己身上體驗，符合的朝著正確的拳理拳法修練，不符合，要走出來，琢磨、思考、請教明師，和拳友商榷，不要鑽進死胡同出不來變成拳呆子。對待前人留下的經典，一定要繼承、消化、發展。前人的大環境與當代相去甚遠，歷史背景不同，文化不同。通訊手段靠口頭傳播，有可能以訛傳訛，或中間加入個人體會，甚至予以篡改，不要全盤接受，也不輕視，正確地用，有取有捨，是聰明的辯證學習。

關於「不偏不倚，忽隱忽現」。明陰陽的拳家不難理解，先賢告訴後來學子，練拳、推手、技擊，切切注意中正安舒，不能偏也不可倚。從字面解，倚是歪，倚靠，站立不穩，偏倚，想找根拐棍，甚至給對方當拐棍。偏倚無中正可言。

練家從初入拳場習練，要警惕太極病慢慢侵入進來。

要時時警惕身形上的頂、偏、丟、抗、倚、凸凹、斷續、缺陷，還有抽、拔、架、推、擋、挺以及磕打、猛撞、躲閃、生硬等等身形手上之病。離開循規蹈矩，很難克服身形手上之病，習慣成自然，一世難以改正。

## 六、左重則左虛，右重則右杳

《太極拳論》云：「左重則左虛，右重則右杳。」先從字面上看，「虛」和「杳」作何解？從字面解，虛為空虛，虛空，空著。杳，遠得不見蹤影。

虛和杳，只能用太極技擊功詮釋。雙方交手，切記不可犯手上雙重和腳下雙重之病。要四梢空接手，手上空不下來，要接手前變虛，虛接。對方按上左手，左手不給對方當拐棍。攻方來手為陽，防方接手為陰，對方左按空或採、挒空，右手變實手，攻擊對方，防方右杳，胳膊仍在但變虛，對方什麼也摸不著。這是從字面上理解左虛、右杳，虛和杳都是陰、化、拿。在技擊技術方面，太極拳技擊跟兄弟拳種的虛一樣，陰中有陽，虛中有實，化中含打。杳有深遠似洞有沾之感覺。左虛右杳，以陰虛對待攻方的陽攻，但是以陰化解，對攻方沒有威脅，化中含打，對攻方有威懾力。

「仰之則彌高，俯之則彌深，進之則愈長，退之則愈促」，此四句是前輩拳人從實踐中體會的高深功夫，點撥後人在修練過程中要修大道不可近視，只看到眼前尺把遠的距離。修大道就是意念在先，仰、俯、進、退。退不可太遠，形不退，是腳下的陰陽變化，以自己的陰吃掉對方的意、勁，使對方不敢貿然進攻。而仰、俯、進是陽，以意念引導，仰無限高，俯無限深，進無限遠，視線所及，神有多遠，視線有多遠。這也是太極拳的穿透力功夫。

這種功夫只有在平時盤架子日積月累，一分一秒的積累，不是兩三年可得的。這裡還要著重商榷，關於仰、俯、進，可以仰之無限高，俯之無限深，進之無限遠。但是要以自身功力而定，如果你的仰、俯、進只有 3 公尺的功力，不可仰、俯、進 4 公尺，那就丟了，這要在雙人訓練中自己去控制。

還要注意，神、意不可在一個點上，當你發放對方時，神看 3 公尺處，意放 3 公尺處，十次大概有十次敗，這是高層次功夫，不是幾句話可以解釋明白的，不到懂勁的高深層次，很難用筆墨說清楚。

太極拳高手與人較技，雙方接手，高手以高超的太極功夫，以陰虛、鬆柔聽對方勁的來向，高手功夫高在他周身鬆柔、透空。接手聽不到勁的來向和勁中，他早已將你身上勁的來路去向聽得一清二楚，一動將受制於高手。「一羽不能加，蠅蟲不能落」，指太極高手周身鬆淨透空，各個關節鬆開，渾身汗毛立起（皮毛要攻），形容輕如羽毛、蠅蟲般的力也進不去。相反，你亦應周身放鬆，虛靈得不能加入一羽毛落一蠅蟲之力。

太極高手的體能是「關節要鬆，皮毛要攻，節節貫串，虛靈在中」，遇到太極拳家，只要覺得接手空了，立即停下來，禮貌地認輸，虛心誠意向對方討教，一次不成再求，要像劉備請賢「三顧茅廬」。

高手鬆淨後，你在高手面前站立感到不穩，甭談發力，就是想去扶摸，你身上的反應已經站立不住，呼吸困難，只能等待挨打，決無還手之力。

這是人不知我、我獨知人的功夫，在修練中自然而得。一心想得到，而難以得到，這是絕學。

## 七、四兩撥千斤

「四兩撥千斤」之句在明代已在民間盛傳。為了在拳人中準確理解此句，王宗岳宗師刻意將此句收入《太極拳論》，他不是在傳道而是解惑。

從字面解，這句話已經很全面，告訴你太極拳不能以力取勝。有一位大學老師業餘習武，認為「沒有萬斤之力不能撥千斤」，這種說法也是對太極功法知之尚淺。正確的說法惟「牽動四兩撥千斤」（打手歌），「牽動」一詞極妙地說明太極功夫的深奧。

「四兩撥千斤，顯非力勝」，這說得極對。行功較技，用意不用力，用力永遠不明何為「牽動四兩撥千斤」。拳論說得極為明白，「斯技旁門甚多，雖勢有區別，概不外壯欺弱，慢讓快耳，有力打無力，手慢讓手快，是皆先天自然之能」。這幾句告訴習練者，不管你什麼拳，也不管你用功多少年，你的本力不扔掉，你的功夫仍然沒有離開「先天自然之能」，身上、手上沒有功夫，最好的功夫也就是本力加招法，離功法相差甚遠。

那麼，怎麼去「牽動四兩撥千斤」呢？最妙的招法是「搶位」，搶位是內功功力不深的情況下採取的拳法。

「搶位」也稱「搶中」，是搶占對方上下空間使之失重。

所謂搶位，攻防雙方對面相站，互相接手，在接手的一瞬間，微妙的變化就開始了，接手雙方在審敵聽勁當中進行搶位。搶什麼位？

雙方對面相站，雙方的位置在一平方公尺之內，每人半平方公尺。雙方接觸的瞬間，高手的勁由接觸點滲進對方的身體，甚至更遠。搶占對方地盤，逼使對方失重。在對方失重的情況下，達到「牽動」的目的。

對方在失重的狀態下，進攻的速度停不下來而撲空，防方撥動他，使他聽你的話，得到的結果是「任他巨力來打你，牽動四兩撥千斤」。這裡還有一個技藝問題，當對方失重時，你與對方的接觸點要脫離，拳家看這種膠合狀態，常喊一聲「撒手」，對方自然躍出，如果仍膠合在一起，等於雙方互相當拐棍。或用身體支撐對方失重的軀體，你仍未能達到「撥千斤」的目的。

拳論有「察四兩撥千斤之句」，後面又有「本是捨己從人，多誤捨近求遠」，同一拳論中的技擊指導性理論立論不同。「四兩撥千斤」為陰陽之陽理，「捨己從人」為拳之陰理，捨己從人為上乘太極功夫，「撥」就易於出力。

《打手歌》中有「牽動四兩撥千斤」之句。根據王宗岳宗師《太極拳論》可以推論，遇對方來力，應以「捨己從人」「引進落空」為上乘拳法，使對手撲空失重。在王宗岳以前的太極拳圈子裡，「四兩撥千斤」是膾炙人口的句子，在社會上已廣為流傳。在拳場廣為太極拳練家在推手技擊中使用。

王宗岳是極為嚴謹的哲學家，他在撰寫拳論時，認為「牽動和撥」有力勝之嫌。他又不好直接反對，不糾正，誤導下去，有悖太極拳拳理，承傳下去，將對太極拳高層次的鬆柔、鬆空、鬆無有極大的衝擊，影響太極拳學的傳播。他寫道：「察四兩撥千斤之句，顯非力勝」，反對以力勝人。

又寫道「捨己從人，引進落空」的太極高層次的空、無內功，以抵消「牽、撥」之影響，為後人繼承和發展，鋪平大道。

理解先賢的太極拳理論，從練中悟，練中體驗最為準確，道聽塗說是最靠不住的。

# 八、關於雙重

凡技藝，包括拳藝在內，絕不是耗時間，「鋼樑磨成針，功到自然成」，不一定。因為藝不是物質，有了樑可以磨成針，無樑可磨，有了時間藝不成者大有人在。

太極拳界更為艱難，楊露禪、楊澄甫之後，大師級拳人屈指可數。有一位拳家說練拳的人多如牛毛，功成者鳳毛麟角。還有一位拳家說，真正練拳到境界者萬裡挑一，從楊露禪至今未出現「楊無敵」式的人物。不得明師真傳難成正果，但有了真傳未能悟到，到時也是一場空。有的學生自己悟性差，沒從老師手裡得到真傳，反說老師保守。為什麼對師兄弟不保守？太極拳要練，準確地說是悟道而得。有人學練太極拳多年，不能與人交手，交手就輸，其原因很多，拳人最忌雙重。手腳雙重之病未除，不懂勁、易輸手。欲去此病，須在根基上找原因。

武禹襄在《十三勢行功心解》中指出：「有不得機得勢處，身便散亂，其病必於腰腿求之。」從腳、腿、腰找毛病，要做到腳平鬆落地，腿鬆、腰隙，主要「須知陰陽，陰不離陽，陽不離陰，陰陽相濟，方為懂勁」。因為不懂勁，不知對方勁的來路去方，勁真的到自己身上，又難以化解，結果落得不能運化，受制於人。

拳論的這句話是指技擊的，如果你只求養生，從拳中得到樂趣是很有興味的。如果練拳追求技擊術也沒有別的途徑，只有靜下心來，按拳理拳法循太極拳的規律刻苦修練，用心去悟，否則太極功夫不會上身，這是自然樸素的拳理。太極拳屬於武術，武術有什麼打法，太極拳亦應有什麼打法，但是太極拳有它的特性。

太極技擊別於兄弟拳種，不是先發制人、剛猛激烈向對手進攻，而是以靜制動，後發先制，以小勝大，以柔克剛，引動四兩撥千斤。當然，這些打法在雙重狀態下是無法取勝的。太極拳講究陰陽、虛實、動靜、開合、剛柔，沒有這些特性也就沒有太極拳技擊。跟對方較技，雙腿實實地站在那裡，雙手平均用力，這是上下雙重，一碰即翻。

太極技擊，應該將太極拳之特性運用在戰術中，在與對方交手時，應該運用以靜制動的戰術，在較技中運用陰陽、虛實，對方剛來，你要柔化，對方實來，你要虛接，如此交手，不能制勝，也不會一敗塗地。

話說回來，修練太極拳不是為了技擊打人，如持這種心態很難成功。原因是心不靜，心不靜而藝不專，不專功不上身，這是修心養性的功夫。練太極拳，不應用力，而是透過練拳漸漸退去本力。總之，練拳時注意陰陽變化，舉動輕靈，用意不用力，都是行拳的關要。

經過修練，體能達到「全體透空」，那麼，技擊術將是在高境界狀態下陰陽變化中的技擊藝術。

雙重，是太極拳之大忌。從古代先賢到近代大師，以及當代拳家，都十分重視避免太極拳訓練中腳下出現雙重之病。請看幾位先師對雙重之病的論述。

王宗岳在《太極拳論》中云：「偏重則隨，雙重則滯。每見數年純功，不能運化者，率皆自為人制，雙重之病未悟耳。」

李亦畬的《五字訣》在「身靈」一節裡說：「身靈，舉手可有呆像。有不相隨處，身便散亂，便不得力，其病於腰腿求之。」

楊氏老譜《太極沉浮解》中云：「雙重為病，失於填實，與沉不同也。」

吳圖南大師說拳時多次提醒學生：「兩足切忌雙重。」

楊禹廷大師談到放鬆雙腳時，諄諄告誡學子：「雙腳要放鬆平落，不要雙重，實腳要實足，虛腳要虛淨。」

陳式太極拳家陳照奎先生，從實踐中總結出練拳「雙重」之病 50 例。

以上先賢對太極拳的論述，提醒我們後來學子，在習練中須多注意避免腳下出現雙重之病。如何避免雙重呢？王宗岳論道：「欲避此病，須知陰陽，黏即是走，走即是黏，陰不離陽，陽不離陰，陰陽相濟，方為懂勁。」先賢教旨明白準確。

王宗岳還在《太極拳論》中開宗明義：「太極者，無極而生，陰陽之母，動靜之機也。」沒有陰陽，還是太極拳麼？太極拳即是陰陽變化中的動態平衡運行及重心的變轉。

什麼是腳下雙重和手上雙重呢？凡太極拳習練者，在行功練拳過程中，以雙腳（腿）支撐身體重量者，均稱為腳下雙重。雙手雖不支撐身體重量，但在練拳時，雙手不分陰陽，用力平均，或在推手、技擊時雙掌用力，均稱之為手上雙重。欲避手上、腳下雙重之病，一定要循陰陽相濟、陰陽變轉之拳理，循規蹈矩。如果自己在練拳時，難以把握，一定請明師指教。

修練太極拳多年之後，身上有了一定的功夫，也要經常糾正錯誤的練功姿勢，以避免由於姿勢有悖拳理規範帶來的酸、麻、疼痛、憋氣等感覺。雙重之病僅是練太極拳中的弊病之一。先賢在拳論中曾指出，肢體之病有缺陷、凹凸、斷續三大病，手上有頂、偏、丟、抗四大病。陳鑫大師亦有著名的「三十六病手」警示後人。

如果練家對太極拳認識不清，對拳道理解不深，在修練中犯錯也在所難免。其實，在練拳過程中，腳下常常會出現雙重，這僅是暫時的，瞬間即逝，而單重是絕對的。武禹襄大師在《十三勢行功心解》中云：「虛實宜分清楚，一處有一處虛實，處處總此一虛實，周身節節貫串，勿令絲毫間斷耳。」這是習太極拳者必須遵循的。楊式太極拳大師楊澄甫先生說道：「太極拳分虛實為第一要義，右腿實左腿虛；左腿實則右腿虛。腿上不分虛實，邁步重滯為人所牽動。」

有拳家指出，有許多單勢屬於雙重，如「如封似閉」。吳式太極拳的如封似閉，一陰一陽兩動，結構嚴謹，虛實清楚，陰陽變轉順暢。

第一動（陰）「抽拳立掌」，弓步變坐步，右腿為實，實足；左腿為虛，虛淨。左腳跟虛著地，腳尖上揚，上下相隨，左右手與左右腳虛實結合，也稱外三合，即左腳虛、右手實，右腳虛、左手實。

第二動「兩手前按」，從右坐步變為左弓步，左腳實，右腳虛，右手實左腿虛，如此即不會出現雙重。其實，腳下雙重與否不在拳勢，而在於練拳者對「陰陽」的認識和理解，對太極拳的結構是不是認真研究。在認識、理解拳架的基礎上，明白陰陽變轉，腳下、手上是不會出現雙重的。

若不知雙重為病，腳下仍以雙重處理拳勢，則功夫很難上身。帶病工作是一種敬業精神，短時可以，常此以往則會加重病情，對健康不利，帶「病」練拳同樣不應該。社會上練傳統太極拳的人不少犯雙重之病，因為是傳統拳架，後學者不敢輕易改動，也就一代代傳下來。其實，太極拳習練者不但要繼承，還要發展，要興利去弊，有所揚棄，以免誤導後學。

太極先賢從實踐中悟出，雙重之弊阻礙太極功夫的發展，近代太極大家又將雙重列為弊病加以闡述，以警示後人，避免重蹈前人修練誤區。可惜，前人的警示與教導未受到有些習太極拳者的重視，以致不少拳家仍然陷於困惑、無奈之中。

## 九、捨己從人

「捨己從人」是技擊內功運用中的高境界拳法，初學者難以把握。

「捨己從人」說起來容易，較技運用難，有人說：「請神容易送神難」，不敢貿然「捨己」，「捨近求遠」者多也。人一失重，六神無主，只有本能地去拉抓，拉抓不到任何救身之物，只好空跌出去。上前伸手，對方捨己空了你，失重跌出，這是技擊最近的路，所謂「出手見輸贏」，就是這個理兒。

但「捨己從人」是修練多年的周身全體內外雙修的手眼身步，心神意氣的綜合功夫，用《授秘歌》的拳訣形容，是「無形無象，全體透空」的鬆柔功夫，欲修練如此功夫，有以下幾難：

### 1. 周身鬆柔難

周身放鬆，從腳到頂，關節要鬆，皮毛要攻，節節貫串，虛靈在中，尾閭中正，虛靈神頂。

過了這道難關，身上不怕力，方可「捨己從人」。說其難也不難，踏踏實實，循太極拳規律練拳，不會出偏，是修練內功的重要拳法。楊式太極拳大師楊振基先生說：「太極功夫是拳上練出來的。」在放鬆 9 大關節和 54 個手腳小關節的同時，裹襠、溜臀、收腹、收吸左右腹股溝、圓背、展胸、收左右胸窩、弛頸 10 個部位要放鬆。

請注意，周身均得到放鬆後，雙肩有可能最後完全放鬆，也是真鬆。如果各部位在鬆開之前，肩放鬆了，這是假象，不是鬆而是靈活，靈活還不是真鬆。肩不鬆為雙重，肩緊全身僵，也難以通順內功進入身體的通道。

### 2.審敵聽勁難

雙方接手審敵聽勁，一般功夫還不具備聽勁能力，不明對方勁路的由來和走向，還達不到「捨己從人」的功夫，不敢貿然引進。引進落空是較全面的太極功夫，只能引進無法使對方落空，最終仍是輸手。

審敵聽勁功夫要經過長期的訓練，在手上空鬆的基礎上，雙人互相推手練習，從相互推手中練習觸覺神經。這些觸覺神經主管外界的冷熱風寒，疼痛刺癢及意外的碰撞等等。身體與外界凡所能接觸到的神經細胞所觸覺到的反應都快速向腦部傳遞，由腦部將收集到的信息整理後向外發布指令。神經從外界得到的信息，在練太極拳者身上又有多於常人的功能。從解剖學得知，人的皮膚每寸都有難以計算的末梢神經。手上的末梢神經極為敏感，手指觸到對方的手或肢體上，這便是「聽勁」，聽勁功能遍及周身。

身上任何部位都可以「聽勁」，將觸到的一切急速輸入大腦，而腦部經過排列組合，發出指令，手部迅速鬆弛化解對方來力……「聽勁」是太極修練者獨有的，也就是太極拳家經常在鬆柔動態中運行肢體所特有的「靈敏的觸覺」，也可解釋為太極拳人的特殊感覺，這就是「聽勁」。聽勁是觸覺修練，如何修練觸覺呢？

訓練方法是太極拳別於其他拳種的「用意不用力」「一舉動，周身俱要輕靈」的獨特拳法。觸覺訓練中如果不注意輕靈、鬆柔，以心行意，用意不用力，訓練不會有成果，手上有力，難以在觸覺功能上有任何突破。

要達到的目的是觸覺功能的敏感。如果想在太極拳王國獲得自由，練功要尊老子之道，「道法自然」。用拙力，就不自然，不自然就什麼品味也沒有了。

太極揉手，是兩人不倚不離，忽隱忽現，似接非接，在離虛揉手藝術中，皮膚和手指的觸覺功能得到很好的訓練，沒有共練的武伴怎麼練習觸覺呢？一個人可以去揉鬆軟富有彈性的細小樹枝，也可以揉窗簾，或將衣服掛起來推揉衣服，都能達到訓練觸覺的良好效果。

### 3.敢於捨己難

有的人已練拳多年，有一定基礎。當對方來手，輕輕一扶對方請他「進來」，就化險為夷。知陰陽有益於捨己從人，但有人不走此路，捨本求末，捨近求遠，去進攻，去往對方身上用力，最後，互抱角力，與捨己從人背道而馳，永遠也不知捨己從人是怎麼回事。

《打手要言》中說，「靜是合，合中寓開。動則俱動，動是開，開中寓合，觸之則旋轉自如。無不得力，才能引進落空，四兩撥千斤。平日走架，是知己功夫，一動勢，先問自己周身合上數項否？稍有不合，即速改換，所以走架要慢不要快，打手是知人功夫，動靜固是知人，仍是問己。自己安排得好，人一挨我，我不動彼絲毫，趁勢而入，接定彼勁，彼自跌出。」

所謂「差之毫厘，謬以千里。學者不可不詳辨焉」，是說太極拳技藝是學而習知之，苦練而得，也是悟而知之，歸根到底是在學而習知的基礎上悟道得之。凡習練者在修練多年之後，如果基礎不紮實，身上的毛病會不時顯現出來。身上缺陷、凹凸、斷續三大病；手上頂、扁、丟、抗四頑疾，清代陳鑫大師有36病手驚世之語，將36病手列舉到我們面前。還有雙浮、偏輕偏重、半浮半沉、半浮偏沉等諸病，困擾著眾多練家順利修成正果。

其實，從初入拳場習拳，在明師指導下，遵拳理拳法，按太極陰陽學說的教旨，就不會派生出身上、手上的毛病。

凡練家有病身者，動則出病手，就是基礎功不牢固，按規矩練拳是練家必須遵從的守則。拳病和人體患病一樣，「冰凍三尺非一日之寒」，因為平時練拳不注意規矩，日積月累病入膏肓，其結果是「謬以千里」。

怎樣去糾正謬誤呢？在根基上找原因，太極拳論中多處都談到，「其根在腳」，請在腳下找原因。修練太極拳方向方位決定你是不是中正安舒，行拳不規範表現在腳，腳下差之毫厘，結果謬以千里。循太極拳道修練，嚴格腳下的方位方向，請注意腳的修練。

## 十、養生保健

我們修練太極拳是為了什麼，簡單說，為健體、強身、祛病、延壽。說大一點，是增強體質提高全民族的健康水準。全民健身計畫與張三豐祖師遺訓一致。在《太極拳論》最後結束語，武當山張三豐祖師遺論，「欲天下豪傑延年益壽，不徒作技藝之末也」。

此遺論是太極拳論的結束，也是拳論之精華。《十三勢歌訣》云，「益壽延年不老春」，企盼習武之人追求養生、延年、益壽之道，不圖追求打人之學，那是技藝之末。但是恰恰相反，凡研習太極拳養生長壽者，門庭冷落，可以羅雀，而只要能打，用力用招不管怎麼個打法，頭上冠以「太極拳」，便門徒眾多。拳人中盛傳「楊無敵」，少有人傳頌一代宗師張三豐。為何？三豐宗師打人的故事寥寥。

其實，張三豐宗師是武林高手，先在五臺山，後長居武當，繼承導引吐納之術，「無極為太極之母，即萬物先天之機，動靜相因」，修太極之道，延年益壽，習練太極拳要心態平和，不要在意識上埋藏功利，也不要搶強鬥勝。金庸先生認為練太極拳，「以自然、柔韌、沉著、安舒為主旨，基本要點是保持自己的重心，並不主動攻擊別人。保盈持泰，謙受益，滿招損，那正是中國人政治哲學、人生哲學的要點。」這些議論是金先生的太極觀。如果我們有這種「保盈持泰」的人生哲學，內功能不上身嗎？

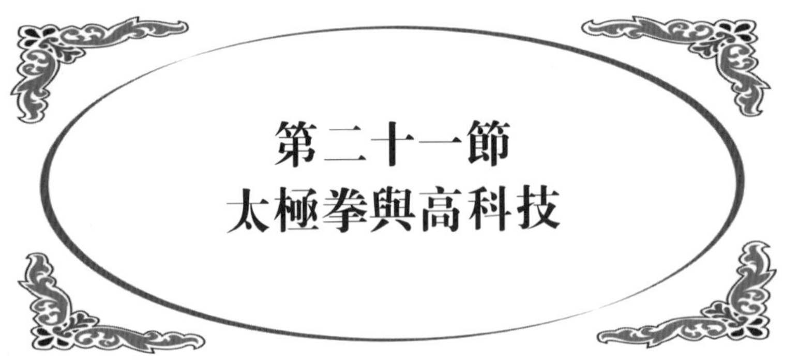

# 第二十一節 太極拳與高科技

太極拳與高科技有什麼關聯呢？這是太極深研者關注的課題。

太極拳與科技的關係，隨時間的推移而漸漸被太極拳人所認識。太極拳人的教育水準不斷提高，高教育層次太極拳人的數量不斷增長，太極拳隊伍已經形成了高知識階層群體。高科技滲入太極拳技藝已經顯現出來，諸如天體物理學、天文學、宇宙學，像反物質、暗物質等當代尖端科學技術，尤其奈米技術與太極拳的關係更為接近，有待我們深入去研究。

高科技與武術太極拳結緣頗深，我們是不能迴避，也迴避不了。現代體育不借高科技協助難以提升競技質量，高科技助運動員一臂之力，能改變競技狀況，提高技術水準。最近報載，變異基因的改造技術，可以改變人體器官結構，腺病毒運輸促紅細胞生成素基因，在小老鼠身上試驗，增加了紅血球容量，血液紅細胞的比例增加了一倍。如果這個試驗在人體中進行，可以把更多的氧氣輸送到各個器官組織中去，可以大大增強運動員的耐力和體力。人體「變異基因」使運動員的基因得到改造，超量分泌紅細胞生長素，結果使運動員的速度提高到20%以上。通俗理解「變異基因」是查不出來的興奮劑，對競技體育運動員，武術散打會有極大助力。凡事都會有制約，基因變異後，易患癌症，運動員知道這一負面影響之後，會遠離它。

作為一名太極拳技藝的深研者，所說的高科技，不是借助高科技手段去提高技藝，諸如在身上裝備隱形彈簧或者鬆柔器什麼的。而是由傳統太極拳循規蹈矩陰陽學說規範行功，修練到一定的境界，從人體中開發無限的潛能。也會生出些疑問，人類能量是有限的，如短跑運動員，百米10秒可稱為飛人，舉重運動員，在他舉重紀錄已經接近極限，再增加0.5公斤或更少也舉不起來，怎能還有無限的潛能？

大家都知道孫悟空、濟公還有八仙。說他們神通廣大，可以呼風喚雨，灑豆成兵，往水上扔一片樹葉，便可以飄洋過海堪稱能量無限。人們尊稱他們為古代仙人。

中華武術歷史上人才輩出，霸王、闖王、唐朝瓦崗英雄，宋代的梁山好漢，清雍正劍俠，近代的大刀王五，孫中山先生的保鏢杜心武，燕子李三等武林高手。

太極拳的高人，諸如蔣發、陳長興和楊露禪、武禹襄諸位宗師先賢。20世紀太極拳界的楊澄甫、吳鑒泉、王茂齋、馬岳梁、吳圖南、楊禹廷、汪永泉等前輩都有神奇的內功，他們為現代「仙人」。

古代仙人和現代「仙人」為什麼有如此神奇的潛能，現代語說他們是「超人」。仙人之仙，超人之超，這仙氣和超氣從何而來，這是要探討的太極拳與高科技的主題。他們與人類，特別是武術人有什麼內在聯繫呢？太極大師的鬆空技術如此精妙絕倫是習練出來的武功嗎？是悟出來的內功嗎？從學太極大師楊禹廷老爺子的太極修為者數以千百計，學生往來也有萬人，得道者寥寥。

傳說武禹襄大師將對方拿起又發回到坐椅上，楊澄甫打人似電擊，吳鑒泉大師往對方面前鬆站，對方便求饒，說自己的臟腹要流出來了。有人推王茂齋手中的筐，自己糊裡糊塗被打發到街上。馬岳梁老師 86 歲高齡出訪歐洲，一位德國壯漢馬步站穩，馬老輕輕觸在他胸部，此人便後仰騰空跌出。吳圖南先輩給學生「說手」，用眼看對方，對方便跌出數公尺以外。楊禹廷大師坐在太師椅上，左手放在八仙桌子上，手背朝天，筆者輕按他手背，頓感覺頭腦一片空白，直上蹦起一公尺多高。當時老爺子已近九十高齡，提十斤重物也較困難，本人 65 公斤，未見他手動令人叫絕。當代健在的武術家王培生大師，站在他面前知道腳下是平地，但感覺面前、左、右有三個大坑，面前的「大坑」深不見底，甚為恐懼。還有些太極大師，推他的身體或胳臂，推多大的力反回多大力，腳下發飄站立不穩，太極大師將對方發放數公尺之外，不是用的力，也不是意，因為意大是力，那麼是哪裡來的能量？

筆者四十年前，從著名京劇藝術家張有祿先生手中，得到一冊吳鑒泉大師的拳解之後，便走上研習鬆柔、鬆空、鬆無太極拳的陰陽學說的大道。從接觸拜訪、從學京城的太極

圖 15

圖 16

圖 17

拳家吳圖南、楊禹廷、崔毅士、汪永泉等諸位大師以後，對太極拳的認識和理解有了飛躍。筆者與學生在練拳推手行功中，偶然也出現鬆拿的情況，現選幾張供同道研究（圖15～17）。

筆者七十歲，而對方都是三十歲左右血氣方剛的健康年華，欲將對方舉起，是不可能的。以太極鬆空技藝將對方輕拿而起，應從道理上明析，其中是不是包容著太極拳道的鬆、空學的豐富內涵以及能量無限的潛能開發？筆者的內功根底淺，不能每次拿放對方得心應手，只是意思到了。在太極技擊對抗中，大師發放對方有一個「打人如掛畫」的贊詞。

筆者一向認為，一個人將一位與自身體重相當的人打發出去是大工程，這個工程是「內功工程」還是「能量釋放工程」，筆者認為是潛能的開發，還是反物質、暗物質在人體中的作用，希望和同道深層探討。

在現代高科技發展的今天，現代太極拳人與高科技有著不可割捨的內在聯繫。例如奈米衣料不滲水。我們的皮膚、肌肉、筋骨似奈米衣料一樣不入力，這是太極中定內功。一根頭髮絲的直徑有三萬左右奈米粒子，微粒之小要用極高倍顯微鏡方可觀察到。而太極拳技藝最微小單位是「點」，其小無內，顯微鏡是找不到的，因為是空無之點。

人體有經脈、穴位，我們的祖先早在幾千年前運用經絡診治病痛，針扎在穴位上準確無誤，半尺金針進入人體不痛不恐，消災避禍。但是，人體解剖又找不到十四正經脈和幾百個穴位，這是不是人體中的暗物質？

把話拉回到太極拳道的陰陽學說，陰陽變化，在二人較技中，在太極高手將人發放出數公尺之外，是不是物質和反物質的碰撞，是不是暗物質在太極拳人身體中能量的噴發？幾位近代太極宗師在技擊較技中的神奇功夫，大師的神奇功夫是悟道而出，是練煉而得？

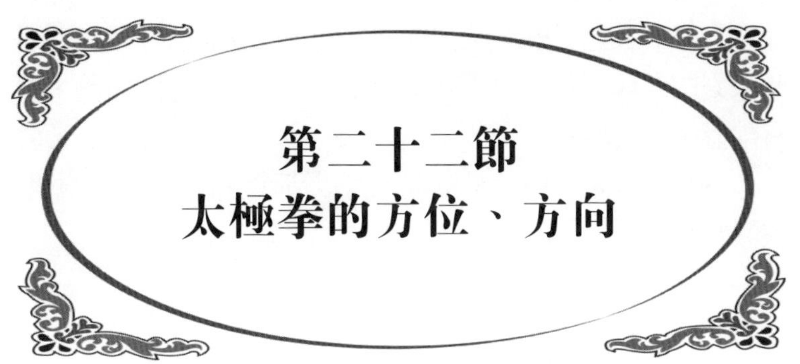

# 第二十二節 太極拳的方位、方向

在太極拳修練的長過程中，太極拳的方向、方位是很重要的。

太極拳不像八卦掌，初學要轉掌。太極拳講究內外雙修，用意不用力；行功走架按照陰陽學說規範自己的動作，走弧形路線，要求將拳盤圓活。盤拳過程中十分注意方位方向，古代先賢以八門五步十三勢訓練弟子。拳論《太極四隅解》曰：「四正即四方也，所謂掤、捋、擠、按也。初不知方能使圓，方圓復始之理。」太極拳的四正四隅八門不是八卦掌之八個方位，而太極拳習練有其自身的認識，按照太極拳之特性去理解太極拳的方向方位。盤架子時要嚴格遵循太極拳的弧形路線，立身中正安舒將拳盤圓活。

## 一、太極「八方線」來源

四正四隅演變為八門五步十三勢，著名太極拳大師楊禹廷為了使學生將太極拳盤圓活，將八門五步十三勢演進為「八方線」。在了解「八方線」之前，先要研討一個淺顯而又深刻的拳理問題，太極拳是什麼？若以簡潔意明而論，只有兩個字：圓環。

沒有人否認太極拳是圓環，可以清代拳師的拳經《亂環訣》為證：

亂環術法最難通，上下隨合妙無窮。
陷敵深入亂環內，四兩千斤著法成。
手腳齊進橫豎找，掌中亂環落不空。
欲知環中法何在？發落點對即成功。

太極拳行拳不可橫抹、豎直，要走弧線，這是太極拳的特性所決定的，是拳人的共識。太極拳家日復一日、年復一年的苦苦修練，就是將拳熟練到輕靈圓活。那麼，如何將太極拳盤的圓活，怎樣走弧線呢？傳統太極拳教學是承襲先輩拳師多年不變的傳統教法，講究八門五步十三勢，八門為南（掤）、西（捋）、東（擠）、北（按）、西北（採）、東南（挒）、東北（肘）、西南（靠）。五步亦稱五行，即前進（火）、後退（水）、左顧（木）、右盼（金）、中定（土）。以身分步，五行在意，支撐四正四隅八面。

太極拳教學承襲前輩拳師「口傳心授」的教徒法。靠弟子的聰明才智，看他有沒有靈氣，悟性高不高，也就是機靈不機靈。機靈討師傅喜歡，給多說幾招，不招老師喜歡的放在一邊讓師兄帶著。老師高興了給說上幾句，徒弟的進度也不一致，正中一句俗話「師傅領進門，修行在個人」，只能靠自己苦練偷學，討老師高興多教點功夫。

那時交通閉塞通訊落後，沒有印刷，有也印不起，老師教學落後，沒有教材，沒有教具，連起碼的黑板粉筆也沒有，只能靠口傳心授。老師年歲大了，記憶力差，一個弟子一個說法，水準不等，說的功夫多少不同，理解能力參差不齊，弟子學習十分困難。

楊禹廷在反覆實踐中認識到，傳統教學多以太極八卦圖演繹太極拳，這種拳法不能滿足學子準確掌握習拳方法。楊禹廷受教育程度的限制，要駕馭這一教學改革是困難的，當時京城太極拳圈子裡雲聚不少名家大師，改動稍有不妥定會惹出是非，長輩不接受這一新生事物，改革將成泡影。但是楊禹廷以驚人的聰明才智，以樸素的幾何學「外接圓」原理，將八角八平面的八卦太極圖外緣以圓線連接起來，使八角八平面的八卦太極圖成為一個 360°圓形。

楊禹廷創出「八方線」是太極拳教學的突破性改革，八

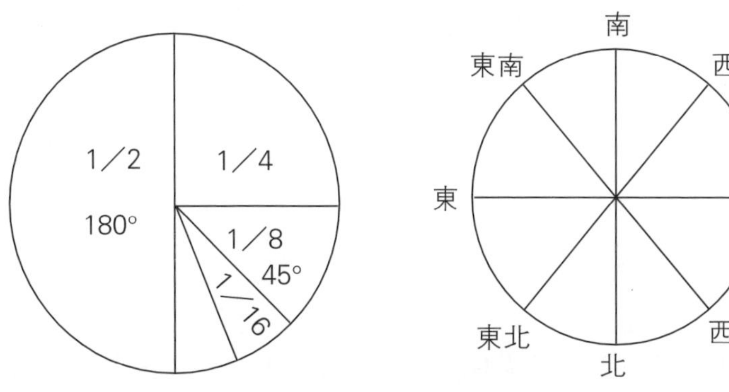


圖 18　八方線圖

方線被公認為是布局周密，照顧全面，合理利用空間的拳藝功法。拳人盤拳練功的位置便是八方線的中心。如同圓規的兩隻腳，一隻腳不動作為軸心，另一隻腳圍繞軸心畫一圓環，軸便是站立的位置，四面八方形成一個360°的圓。拳人在中心位置盤拳，以拳勢作為「材料」，一招一勢盤拳，是以招勢的「材料」「搭建」一個架子，人在中間「盤架子」的過程，是以上下左右循弧線行拳修練的過程，也是將拳走圓的過程。

經過長年練功，日復一日，年復一年的盤架子，太極功夫自然從身上反映出來，周身各大小關節出現螺旋勁，這是無形無象全身透空的上乘功夫。也可以兩個人或多人研究，在拳勢輕、靈、圓、活上下工夫，將拳走圓。兩個人找勁很難有螺旋勁的太極功夫，如果能找到也是「小竅門」而已。有位拳師曾經說過：「兩個人找勁，什麼也找不著。越找離太極拳越遠，最後也不知道太極拳是什麼味。」

「八方線」是將拳盤圓的最佳方法。有八方線，練拳的方向、方位準確而不會出偏。只要牢牢把握「八方線」修練法，循八方線習練，方可得到高境界的太極功夫。

## 二、輕扶「八方線」

凡事都有正反兩方面的結果。有了八方線這一修練法門，為什麼還有一世無成者呢？在20世紀70年代末，我帶著這個問題，曾請教過楊禹廷老人家，他說：「凡未達到功成者，是他們怕麻煩。」一語道破未成功者的癥結。有「八方線」這一法寶，但沒有循陰陽學說的根基去修太極拳八方線拳法。拳論《身形腰頂》云：「身形腰頂豈可無，缺一何必費功夫！捨此真理終何極？十年數載亦糊塗。」這是百年前先輩拳師的實踐總結。凡修練太極拳，定要循規蹈矩，捨此，十年數載，枉費工夫可能一生空忙。所謂循規蹈矩，是按照太極拳拳理修練太極拳。練拳要遵道而修，修練太極，就要有一個太極身形，還要有一雙太極腳，兩隻太極手，否則難以功成。

### 1.手鬆方可輕扶

修練太極拳不能跟生活中的身形手腳一樣。生活中的身形手腳是有力的，而太極拳要求修練者處於無極狀態。所謂無極狀態，是儘可能全身放鬆，各個大小關節鬆開且節節貫穿，鬆肩、垂肘、舒鬆手腕，空鬆腰、胯，虛靈雙膝，絕對不要著力，鬆弛腳踝，雙腳平鬆落地不要踩地，手鬆而且要淨。一時難以鬆淨，練拳時手上不著力，久之手上自然鬆淨下來，最理想的手是「妙手空空」。身形手腳具備要求後，在練拳時心腦安靜，這叫「澄源清流」，就開始練拳了。

練拳站在八方線中央，你的實腳為八方線中心點，行拳時手盡量不著力，以淨手食指輕輕扶著八方線行拳。請注意輕扶八方線行拳跟平時練拳相同，似行雲流水綿綿不斷。不同的是，你的實手食指有一種感覺，也就是意念，這個意念成為一個「點」，行拳輕輕扶著意念點，循拳路線，勢斷而輕扶不斷。儘管套路虛實變化多端，但實手輕扶的意念點不變，變化的只有陰陽虛實，不變的是輕扶八方線。

輕扶的關鍵一要輕、二要扶，扶住不斷更不能丟，輕扶習慣了、熟了，自然意動神隨。行拳自然輕扶，身上各部位就會鬆下來，沒有僵滯不爽之處，有一種圓活趣味，這時離盤拳輕靈圓活也就不遠了。

### 2.再論鬆腰、空手

關於太極拳的鬆功，從腳往上，周身上下九大關節，節節放鬆，拳論有「行氣如九曲珠」之說。腰是九顆珠子中間最大的一顆，起承上啟下的作用，必須空鬆，為上下樞紐。為了保持全身鬆通，必須學會周身放鬆，首先放鬆腰部。腰緊全身僵，上下八個關節鬆，腰自然空鬆，九個關節，放鬆有關聯。

如何操作習練，請試以坐姿站立，以站姿坐下，如此經常演練也許會摸到鬆腰的拳法。為了習練全身自然鬆柔，不妨以起床穿衣服繫鈕扣，吃飯拿筷子的手輕鬆自如來往於餐桌上，像女性織毛衣輕靈的手去找感覺，平時注意鬆柔周身大小關節以及隨意肌和不隨意肌的肌肉群。

拿起物品時，不要想著用心去拿東西，變成用手輕輕扶東西的感覺。具體操作並不難，在家中方便的地方掛上一件衣服，經常扶推，或是扶推窗簾、掛著的毛巾等物。在室外扶推彈性好的細小枝梢樹葉，也是出功夫的好辦法。

### 3.輕扶

輕扶「八方線」一要真扶，在看來似乎沒線的地方扶出八方線來，這要看你是否能堅持住。在盤拳時站在八方線中心點上，你的身前身後，四面八方上下左右，也確確實實有八方線。開始練功手上有拙力、本力不要緊，日久拙力、本力會退掉的。

二要扶住，行功走架扶住不要斷，勢斷意不斷，經常想扶著，斷了很快再扶上。

盤拳輕靈圓活，只要認準了這種太極功法，不疑不動搖，久之自有不可言狀的興趣。在太極拳修練中惟有輕，手上方可退去本力，手才可以鬆淨，只有鬆才可以扶八方線。輕扶日久，手上自然陰陽變化，重手、力手難以達到輕扶的效果，太極功夫無緣上身。惟有靈，各個大小關節方可虛靈，只有虛靈，氣血暢通不僵不滯。有了輕和靈，方能將拳盤圓，只有將拳盤圓才可能得到太極功夫，周身上下從表及裡全部活了。

所謂活，也就是開合，身上靈活，也可以說周身大小關節鬆開，隨意肌和不隨意肌群也通通放鬆，肌肉全鬆開。談到開，心神意氣開，肢體開，開也是陰陽變動行拳輕靈，胸中不滯周身不僵。一動周身輕靈，沒有走不開的地方。再深究一步，一動，周身大小關節都是圓環，也就是螺旋勁出現。如果較技揉手（推手），輕輕扶上對方來手，對方發不出勁來，腳下發飄，丟掉重心，也就失去進攻能力。

當初，楊老拳師改進教學，是為了使教與學更符合太極拳輕靈圓活的規律，「八方線」理論從此誕生了。經過半個多世紀拳人的實踐證明，「八方線」是培養太極拳人才的最佳方法。盤拳沒有八方線，就沒有中正安舒，怎麼去向高層次修練呢？

## 三、手腳不離八方線

楊禹廷八方線的關鍵功法是「輕扶八方線」，一套拳從起勢到收勢，要輕扶不斷，手腳不離「八方線」。

### 1. 手腳不離

所謂「手腳不離」是指我們在練拳過程中手腳離不開陰陽變化，虛實變轉，動靜開合。具體講，腳下有實腳八方線，虛腳八方線；手上有實手八方線，虛手八方線。你的腳下、手上有了八方線，陰陽變化，虛實變轉，動靜開合就不再是抽象的、看不見摸不著的玄妙之物，而是陰陽、虛實、開合在你的掌握之中，清楚明白地運用在手，變化在腳，周身動靜開合自如，再也不練糊塗拳。

太極拳人會說：「虛實」「開合」，怎麼虛，怎麼實，什麼是開，什麼又是合呢？眾多拳友研究拳技，「八方線」拳法一說能明白，但搖頭不會用。地上畫一個八方線圖，一說也能明白，但不知怎個練法。這不是不會練、不能練而是不習慣。「拳打千遍其理自現」。很多人都知道熟練能生巧，要多練，多看，多琢磨，沒有不成功的。

在行拳過程中，手腳不斷循四正四隅方位運行，拳勢的種種動作要有正確的方位和起止點，沒有「八方線」很難把握準確。拳練到輕靈圓活是拳家練功的目標，要達到此目標，八方線便是最好的「拐棍」。

所謂手腳不離八方線，腳下寸步不離一個米字。四正四隅四條線八方位，恰似一個米字。米字周邊畫上一個外接圓，正是一個八方線圖。米字一橫一豎是四正線：東南西北；左右四筆是四隅線：東北、東南、西北、西南。

剛開始學練八方線不熟練，可以先採用實腳八方線，實手八方線，實腳一個米字，實手一個米字，盤拳方向、方位極為明確，不會出偏差。

### 2.輕扶亦分陰陽

手腳有了八方線還不夠，為了把握太極拳陰陽學說，還要將每個式分解成若干動作，分清每個動作的起止點。如楊禹廷 83 式太極拳，起式 4 動，攬雀尾 8 動，單鞭 2 動，為了陰陽變轉，每勢均為雙數（陽）以便接單數（陰）。如單鞭，右手掌變鈎為單動（陰），左手拉單鞭為雙動（陽）。陰動接陽動，陽動為實，實中再實一次，而變成陰動；陰動變陽動時，再陰一次，便達到「變轉虛實」的要求。

按八方線盤架子，就要將以往與拳論「一舉動，周身俱要輕靈」相悖的習慣都要在盤拳中一一克服掉。輕扶八方線，手就不能有力，輕輕扶著套路路線行拳，從手用力到不著力，別有一番奧妙，這種輕手就是練拳所需的太極手。腳呢，太極拳人要有一雙太極腳。按八方線修練，手輕扶腳下有力不對，踩地不可，五趾抓地與拳理相悖。一舉動，周身都要輕靈，腳當然也要輕靈，腳是根，腳下輕靈，周身自然輕靈，這個道理十分淺顯。

所謂太極腳，就是兩腳平鬆著地，五趾舒鬆，腳與大地融為一體。腳鬆著地，神經漸漸扎入地下，站立自然牢穩，也就是人們常說的樁功穩重。腳平鬆，膝自然虛靈，鬆胯空腰。腰是從腳到手九大關節中間承上啟下之主宰，不要以腰扭轉帶動軀幹四肢。鬆肩、垂肘，任何動作都要空肘，肘尖永遠向下，腕也要時時注意舒鬆。在練拳時，手不著力，虎口撐圓，掌要舒展開，不是強直伸開。

還要注意一個細節，在輕扶八方線時，為了扶有感覺，實手的食指輕輕扶著起止線的「意念點」。開始時這個點不明顯，熟了，伸手就有一個意念點，手扶點走，點走手扶，自自然然功夫就出來了。盤拳行功鬆、柔、圓、輕、緩為太極拳之特性，以便用意不用力，有利於氣血暢通，各個大小關節鬆開，肢體舒展。在重心轉換時，漸變不是突變，掌變拳小指先鬆攏，然後依次無名指、中指、食指、拇指鬆攏為空心拳；拳變掌，從拇指開始，依次為食指、中指、無名指、小指逐漸舒展，實鈎和虛鈎亦然。腳下虛實變換也是漸變，實腳變虛腳，從實漸虛；虛腳變實腳，漸變實，不要以胯橫移。弓步變坐步，要嚴格按方位用功，如面南坐步，右虛腳正南，腳趾上揚；坐步變弓步，右虛腳變實，腳尖仍下落向南，一弓一坐，腳趾一揚一落，恰恰畫了一個上下的圓，日久腳下便有了螺旋勁。

太極拳拳理只有一個標準，誰也不能違背，八方線符合拳理拳法。認識、理解八方線，學習、掌握八方線，手腳不離八方線，最能體現拳理。如果練拳多年苦於找不到太極之門，八方線是最佳的選擇，一年半載或兩三年你將領悟到太極功夫的真諦。

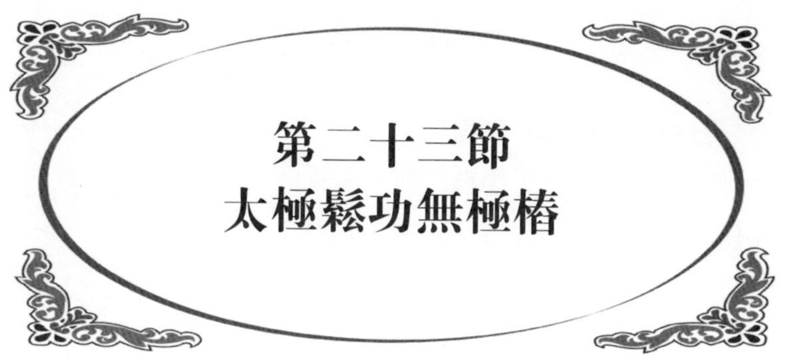

# 第二十三節
# 太極鬆功無極樁

傳統太極拳講究鬆柔、鬆空、鬆無，最佳狀態是唐代先師李道子《授秘歌》中唱道的「無形無象，全體透空」的境界。即為心、神、意、氣靜，極為安靜，筋骨肌膚淨，極為乾淨。

太極大師吳圖南教授對鬆功的定義是：

「凡練太極拳者，皆知鬆、沉為太極拳之主要條件。」

「鬆者，蓬鬆也；寬而不緊也；輕鬆也；放開也；輕鬆暢快也；不堅凝也；含有小孔以容其他物質之特性也。凡此種種，明示鬆之意義也。」

吳圖南大師著有《鬆功論》一文（未發表），書中詮釋「鬆功」的習練法，承傳的人不多。20 世紀 80 年代以後有人在公園公開傳授鬆功，廣東、浙江等地也有人練鬆功，各家各派都有鬆功單操手在傳播。下面介紹的鬆功也許對放鬆肢體，內功進身有益。

## 無極樁練法

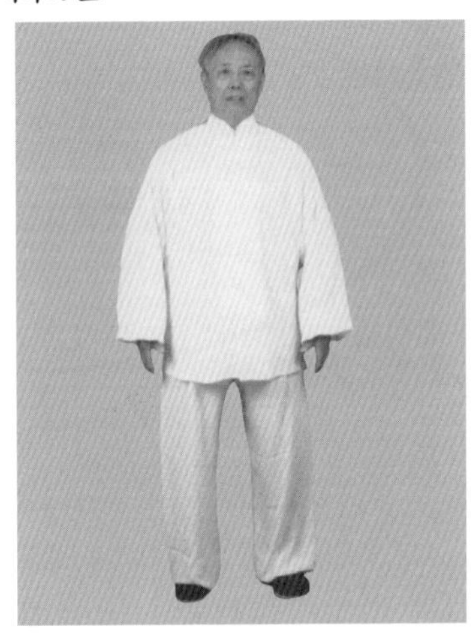

圖 19

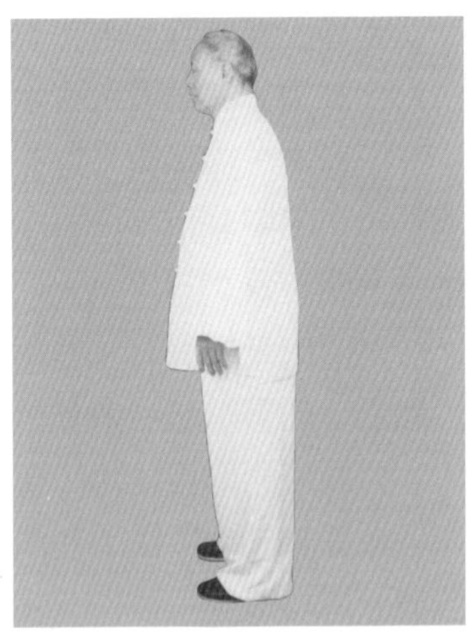

圖 20

習練鬆功要站好無極勢，在無極勢中練鬆功，周身放鬆比較順暢。無極勢久站是無極樁，有時間的朋友可以嘗試。

【無極樁預備勢】：

面南而立，全身放鬆，兩腳同肩寬，腳及腳趾平鬆落地，似站在厚草坪上，有上浮之感。踝有熱脹感，膝有上提感，鬆胯，有左右外開下沉感，空腰，腰不要有力，要忘記自己的腰。肩自然下鬆，肘自然下垂，鬆腕，手要空，食指輕扶空氣。溜臀、裹襠，注意收吸腹股溝，收小腹，收腹，空胸，微微展胸而自然收胸窩，左右胸窩有後吸感，圓背，不要刻意去拔背，弛頸，頂上虛靈，周身內外不掛力。如此站立，檢查自身要自然舒服，心、神、意、氣安靜為好（圖 19、圖 20）。

【注意】：站無極樁不要有意念，也不要意守丹田。站樁取鬆鬆空空、虛虛靈靈、自自然然，身心舒暢、舒服為好。這是無極勢身形，鬆功單操手和練拳、推手均應取無極勢身形。

有了無極勢身形，可以練鬆功單操手。

## 一、扶天落地

此功放鬆雙臂，以雙手或左右單手練扶天落地。

【操作】：無極勢站好，左右手以無名指引領，鬆肩向上運行，雙臂直上到極限，雙手食指不掛力，似輕扶九天，拇指虎口鬆開，小指鬆隨。

無意念，眼平視。

鬆腳，關節逐一放鬆，鬆至腕、手，鬆肩，手臂自然跌落，雙手落得越低越好。

練「扶天落地」鬆功，次數由自己定，但不得少於 36 次（圖 21）。

圖 21

## 二、輕抖鬆腕

【操作】：鬆肩、垂肘、展指、舒腕，輕抖雙腕，一定在周身九大關節放鬆，周身無極狀態下習練。

圖 22

圖 23

輕抖雙腕包括垂抖、平抖、燕式抖三種方法。

【垂抖】：鬆肩，肘自然下垂，舒腕以手指抖腕。注意不要以腕抖，腕掛力效果不佳。

【平抖】：兩臂向前鬆起與肩平，鬆腕，以指抖腕，亦可在兩臂鬆起時，一邊起一邊抖腕（圖 22）。

【燕式抖】：兩臂左右張開，手心向下，以指鬆抖雙腕（圖 23）。

## 三、圓搖垂肘

圓搖垂肘鬆功，以習練垂肘的鬆沉為主旨。肘在太極拳的體用中理論指導不多，只有「垂肘」和「墜肘」，垂肘自然而不掛力，墜肘似乎意大刻意去墜。

為了自然垂肘，在拳中每一動都要注意垂肘，平時要專

圖 24

圖 25

門習練垂肘鬆功。

【操作】：前臂上抬與肩成水平，手心向下，雙肘鬆垂向左畫圓，再向右畫圓。注意鬆肩，前臂不掛力，展指舒腕不掛力（圖 24）。

拳式可單操手，自然垂時練單式。

## 四、雲鬆雙臂

雲鬆雙臂顧名思義，是揮動兩臂圍身體平轉，似雲繞身飄舞。有此意識使習練鬆功時手、臂、腰、胯不掛力，雙腳不踩地，放在地上。

【操作】：無極勢站住，雙腳同肩寬，雙臂自然鬆垂，無名指引領，雙手向前鬆起與肩平，手背朝下左右手向左右張開至極限（圖 25），上臂仍保持與肩平，垂肘前臂鬆

圖 26

圖 27

落，掌心向上轉手背相對（圖 26），五指伸向腋窩再向前平伸雙臂至極限（圖 27）。手心向上，再循原路返回，手心向下轉朝上，雙手在身前身左右側來回畫兩個圓環。反覆習練百次。

【注意】：操作雲鬆雙臂鬆功，在鬆功的「鬆」字上下工夫，周身大小關節不可出力，定要自然鬆肩，自然垂肘。

## 五、平∞鬆胯

【操作】：平∞鬆胯，以胯左右起畫出∞字，鬆胯循∞路線走向，面南而立，左胯向東南繞，回到西北，再從西南環向東北。往返環繞，以胯走出平∞字。意鬆胯、空腰（圖 28、圖 29）。

【注意】：在平∞鬆胯環繞時，周身放鬆不掛力，胯不

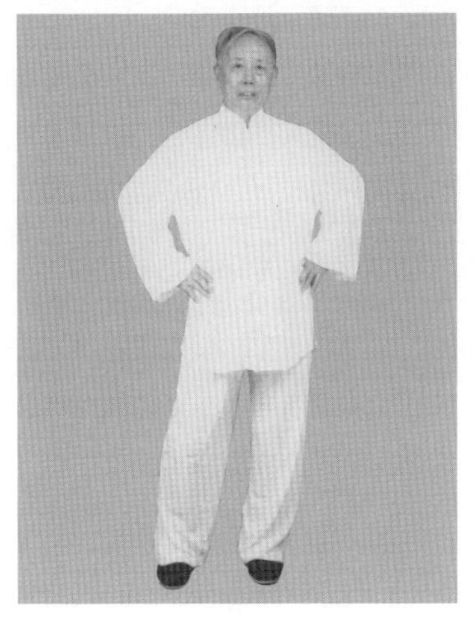

圖 28

圖 29

用力以左右腿變轉重心，使胯鬆活環繞。預備勢雙手插腰。

## 六、鬆落鬆起

鬆落鬆起功操作簡便，易懂、易學、易操作。

【操作】：原地鬆站，兩腳同肩寬，蹲下站起便完成此功。

此功意在鬆腰訓練。鬆落時先鬆腳、鬆踝、鬆膝、鬆胯、鬆腰，上肢鬆肩、垂肘、鬆腕、空手。注意鬆落時，胯以上、肩以下不掛力，兩臂自然垂落。

一定把握鬆落，起身時也從腳上鬆起，身上、腰上不能掛力協助。鬆落時，腰掛力即停，鬆起。反覆習練至鬆落周身不掛力，再往下鬆至極限。能鬆落多少，掛力便鬆起，注意不是蹲身。

圖 30

圖 31

圖 32

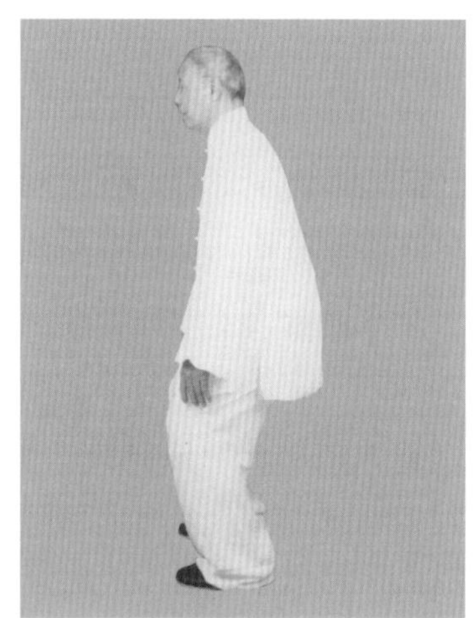

圖 33

【另一操作法】：左右手隙合十式（兩手不接觸，指梢留一空隙），落地，臂不可掛力（圖 30～圖 33）。

圖 34

圖 35

## 七、鬆旋腳踝

鬆旋腳踝鬆功，合太極拳「立柱式」身形單腿重心，含平衡鬆功。

【操作】：開始習練雙腳平鬆放於地上，「放」不是踩地，雙腳放於地上有輕輕的上浮感。

站立時不要強直，膝微屈，左右腹股溝微收吸。平衡陰陽，單腿無極樁的輔助功法。

雙腿站立，以一隻腳鬆虛一隻腳實，左右輪換。有了功夫，一隻腳放在一塊平臥的磚上，另一隻腳內外虛環轉，以腳趾帶動踝旋轉，周身不可掛力，踝鬆虛不掛一丁點力（圖34、圖 35），左右輪換（也可不站磚）。

圖 36

圖 37

## 八、左右空身

左右空身功法是針對身體有力難退而練。練拳內功拳中得，內功上身之條件透過太極拳修為退去身上本力。主動練拳內功不上身，被動修為內功方可上身。而主要之條件是肩以下胯以上要鬆空，要空腹、空胸、空腰。左右空身鬆功是輔助功法。

【操作】：面南，無極勢，兩腳同肩寬，左右兩掌合十，鬆肩垂肘、空胸腹。合十手心相對，掌中指對鼻尖，與胸距兩拳，肩肘不掛力。

合十掌向左，鬆空上身向右；上身向左，合十掌在臉前畫弧向右（圖 36、圖 37）。反覆 36、66、99 次，視自己體

圖 38

圖 39

力而定。

## 九、太極陰陽連環手

陰陽連環手鬆功是習練左右雙臂放鬆，從腳上鬆到手，從手下鬆到腳，如此促進周身空鬆。

左右手在胸前向外壓化（打），鬆打形成兩個環；而成為陰陽連環手，實戰應用也是很有功效的。

【操作】：無極樁，面南而立，兩腳同肩寬，兩臂左右平伸（圖 38）。起動時，右手向前伸，從上而下鬆壓，左手向後，從下而上自左肋向前上打。左手再從前打位鬆下，向後下、向上至正後方壓打；右手自下而上往正前方打（圖 39～圖 41）。循環往返，生生不息，習練鬆肩、垂肘、鬆

圖 40

圖 41

腕，空手鬆打。

此功為鬆功不是技擊功，要周身鬆練，面前有一位虛擬人為佳，「無人似有人，有人似無人」。

## 十、懸　垂

【操作】：尋橫排肋或單槓，高以雙腳自然離地為佳。雙手握住，周身鬆垂腳懸，鬆九大關節，周身放鬆，僅雙手手指力握。

# 後 記

讀者可能注意到了，本書在太極內功、內外雙修及拳藝各個部位都涉及到了，惟呼吸一節未收入書中。

年輕時隨多位拳家學拳，跟隨太極拳大師楊禹廷時間最長，前後十幾年，其中到老爺子家中求教也有九個年頭。楊老爺子很少說呼吸。

在楊老爺子家中學拳，感情深，爺倆成為至親至愛，憋在肚子裡的呼吸功法想問個詳細。有的拳家看重教授呼吸，見諸文字的呼吸法有：深呼吸法、快慢深呼吸法、腹式呼吸法、反式呼吸法、逆式呼吸法、順式呼吸法、周天呼吸法以及潛呼吸、氣貼背等等。我不止一次請教楊老師，楊老爺子說，練拳不要想呼吸，也不要管呼吸，越想呼吸越不會呼吸，「呼吸以自然為好」。

楊禹廷老師不教授呼吸。關於呼吸，九年來僅說過「呼吸往來於口」，「氣遍周身（身軀）不稍滯」，「用腳呼吸」三句話。聽勁遍布全身，楊老爺子的小手指尖也有氣在流動。楊禹廷老恩師陽壽 96 歲而終，與他得益於「氣遍周身不稍滯」的自然呼吸有很大關係。

筆者初學拳總是想著呼吸，胸腹部位經常憋悶，越想氣貼背心裡越難受。在楊老師的指導下，不想呼吸，呼吸反而順暢。隨著太極拳拳藝的提高，呼吸也在不斷地有微妙的變化，腹式呼吸、深呼吸、腳呼吸等呼吸法自然解決，最後，氣遍周身任何部位，小手指梢也有了呼吸。進而自己以氣為自己各個部位進行「按摩」，周身得到放鬆休息，又能治療自身偶然產生的不爽。

筆者修練太極拳的體會，自然呼吸為好，內功上身，自己調理周身內外，呼吸更為順暢。所以筆者很少講授呼吸，請讀者同道在修練中體驗。